Walter Auwers

Der Rechtsschutz der automatischen Wage nach gemeinem Recht

Walter Auwers

Der Rechtsschutz der automatischen Wage nach gemeinem Recht

ISBN/EAN: 9783743489295

Hergestellt in Europa, USA, Kanada, Australien, Japan

Cover: Foto ©Thomas Meinert / pixelio.de

Manufactured and distributed by brebook publishing software (www.brebook.com)

Walter Auwers

Der Rechtsschutz der automatischen Wage nach gemeinem Recht

Der Rechtsschutz
der
automatischen Wage
nach gemeinem Recht.

Inaugural-Dissertation
zur
Erlangung der juristischen Doctorwürde

vorgelegt

der juristischen Fakultät der Georg-August-Universität
zu Göttingen

von

Walter Auwers,
Kammergerichts-Referendar.

Göttingen,
Druck der Univ.-Buchdruckerei von W. Fr. Kästner.
1891.

Herrn Geheimen Justiz-Rath

Professor Dr. Rudolph von Jhering,

seinem hochverehrten Lehrer,

in Dankbarkeit gewidmet

vom

Verfasser.

§ 1.

Die Erfindung der selbstthätigen Vorrichtungen (Automaten) zum Verkauf von Nahrungs- und Genussmitteln, Chokolade, Bonbons, Cigarren, Blumen u. s. w., oder von Postkarten, Büchern, Photographieen u. s. w., aber auch zu gewissen Leistungen, wie Wiegen, Photographieren, Kraftproben, Musikmachen u. s. w. haben einen neuen eigenartigen Geschäftsverkehr geschaffen, der nicht ohne juristisches Interesse ist. Wir stehen dabei vermutlich erst am Anfang einer Entwicklung, die immer weitere Kreise beschreiben und immer mehr Dinge in ihre Kreise ziehen wird. So wird jetzt z. B. auf der elektrischen Ausstellung in Frankfurt a. M. der Versuch gemacht, öffentliche Fernsprechstellen in der Weise einzurichten, dass sie sich gegen Einwurf eines Markstückes automatisch öffnen und eine gewisse Zeit die Benutzung des Telephons gestatten.

Die erste juristische Beurteilung durch ein höchstinstanzliches Gericht ist dieser neuen Erscheinung, soviel bekannt, von der gewerbe- und gewerbesteuerlichen Seite zu Teil geworden. Das Urteil des Königlichen Kammergerichtes zu Berlin vom 28. November 1887 (Entsch. Bd. 10 S. 193) hat erkannt, dass das Aufstellen von Wiegeautomaten auf öffentlichen von der eigentlichen Vertriebsstelle abgesonderten Plätzen steuerpflichtig ist. Die Inhaber des „Centralbureau für automatische Waagen" hatten in der Umgegend von Berlin, in Schmargendorf, Wilmersdorf u. s. w., 9 von ihren Wagen in Vergnügungslokalen auf Grund besonderer Verträge mit den betreffenden Wirten aufstellen lassen, ohne dieselben bei den einzelnen Communalbehörden zur Versteuerung anzumelden. Darin ist vom Kammergericht nach zwei abweichenden Urteilen des Schöffengerichts II und des Landgerichts II zu Berlin ein Verstoss gegen § 17 des (Steuer-) Gesetzes vom 3. Juli 1876 in Verbindung mit §§ 3, 4, 19a des Gewerbesteuergesetzes vom 30. Mai 1820 gesehen worden; hauptsächlich mit der Begründung: die von den Angeklagten in den verschiedenen Vergnügungslokalen zur Aufstellung ihrer Wagen von den Lokalinhabern gemieteten Plätze seien, da sie jedermann zur mietweisen Benutzung der aufgestellten Wagen offenstehen und von dem Hauptgeschäftslokale der Angeklagten räumlich getrennt seien, als davon abgesonderte Betriebsstätten des angemeldeten und versteuerten Gewerbes anzusehen und deshalb nach § 4 des Gewerbesteuergesetzes von 1820 einer besonderen Besteuerung unterworfen.

Die strafrechtliche Seite der Frage, über welche namentlich bei den Nahrungsmittelautomaten schon häufig die Untergerichte entschieden haben, ist neuestens von Dochow, Strafrechtsfälle (4. Aufl. 1891 S. 16, 17, 20) wieder angeregt worden. Was endlich die civilistische Erörterung der Materie betrifft, so stellt unseres Wissens nur Jhering, Jurisprudenz des täglichen Lebens XXI. 11, einige hierherbezügliche Fragen auf. Dochow und Jhering behandeln natürlich bei dem eigenartigen Zwecke ihrer erwähnten Bücher den Stoff nicht systematisch erschöpfend.

Es soll hier versucht werden, an dem bisher praktisch wichtigsten Vertreter der automatischen Leistungen, der automatischen Wage, die Vorgänge sowohl bei ordnungsmässigem Gebrauch als bei möglichem Missbrauch civilrechtlich und strafrechtlich näher zu bestimmen.

§ 2.

Die thatsächlichen Vorgänge selbst sind sehr einfach: An einem dem Publikum zugänglichen Orte in Gebäuden oder auf offener Strasse ist eine Vorrichtung aufgestellt, von der laut Inschrift erhellt, dass nach Betreten der Plattform und Einwurf eines Zehnpfennigstückes auf dem Zifferblatt mittelst eines Zeigers das Gewicht des die Wage Benutzenden angegeben werde.

Was für ein juristischer Vorgang hat sich abgespielt, wenn Jemand [A] diese Benutzung vornimmt?

Die Wage ist und bleibt unzweifelhaft im Privateigentum [des Eigentümers B]. Sie wird auch nicht etwa eine res privata publico usui destinata, sie ist eine gewöhnliche res privata.

Was besagt nun die öffentliche Aufstellung? Zwei Gesichtspunkte kommen in Frage, der der öffentlichen Aufforderung zum Contrahieren und der der Vertragsofferte. Denn nicht ernstlich gemeint ist es, wenn Jhering a. a. O. als dritten Gesichtspunkt den der Auslobung anführt. In dem Einwerfen eines Geldstückes kann kein „Thätigwerden" (Windscheid Pand. II. § 308) im Sinne der Auslobung oder noch deutlicher keine „nützliche Leistung" (Dernburg Pand. II. § 9), wofür das Wiegen die Belohnung ist, gesehen werden. Eine vierte an sich denkbare Annahme endlich, dass überhaupt kein Rechtsgeschäft irgend einer Art, insbesondere kein Vertrag geschlossen wird, sondern alles auf dem Boden des Thatsächlichen bleibt, wäre nur eine Bankerotterklärung juristischen Könnens, zu der wir uns nicht entschliessen wollen.

Die erste Auffassung ist unhaltbar. Der Eigentümer der Wage ist noch nicht gebunden, er erwartet seinerseits Angebote, die anzunehmen oder abzulehnen er seiner freien Entscheidung vorbehält. Wann und wie soll hier die Entscheidung getroffen werden?

Wann soll von seiten dessen, der die Wage benutzen will, eine bindende Offerte vorliegen? Wenn er den Willen ausgesprochen hat sie zu benutzen? sicher nicht; denn es ist niemand vorhanden, dem gegenüber er eine bindende Erklärung abgeben kann, da in Verträgen nur diejenige Willenserklärung verpflichtende Kraft hat, welche dem anderen Vertragsteile oder seinem Stellvertreter gegenüber abgegeben wird[1]); mit dem Betreten der Plattform? er kann wieder hinuntersteigen; dem Einwurf des Geldstückes? dann würde Offerte, Accept, Leistung von der einen und von der anderen Seite zusammenfallen.

Das letzte wäre denkbar, aber wie sollen wir uns vorstellen, dass die Annahme der Offerte vor sich gegangen ist? Der Eigentümer weiss nichts von dem angeblichen Angebot; ohne Wissen der Offerte ist ein Accept unmöglich[2]). Wir müssten in der Wage einen Stellvertreter des B sehen, welcher für ihn über die Offerte urteilt und sie acceptiert, bezw. wenn der Apparat nicht functioniert, ablehnt, eine Construction, deren Ungeheuerlichkeit in die Augen springt.

Es bleibt mithin nur der Gesichtspunkt der Offerte übrig. „Offerte ist die Aufforderung zu einem Geschäfte, welche dergestalt gefasst und in der Meinung erklärt ist, dass dasselbe unmittelbar durch die Annahme seitens des Adressaten zustandekommen soll"[3]).

Diese Bedingungen sind erfüllt. Die Worte an der Wage besagen, dass derjenige, der ein Zehnpfennigstück hineinwirft, sofort eine Gegenleistung erhalten soll; darin liegt implicite das Geringere, dass der Eigentümer ein bestimmtes Angebot macht, welches bloss der Annahme bedarf, damit ein Vertrag perfect werde. Allerdings herrscht über die Möglichkeit einer Contractsofferte an incertae personae Streit. Jedoch sind für die Möglichkeit mit Recht z. B. Koch (in Holtzendorff's

---

1) Vgl. Dernburg Pand. II. § 11 Anm. 3 (cit. Dernburg); Regelsberger, „Civilrechtl. Erörterungen" S. 4; anderer Meinung Windscheid Pand. II. § 309 Z. 3 (cit. Windscheid).

2) Vgl. nam. Sohm „Ueber Vertragsschluss unter Abwesenden u. s. w." (in Goldschm. Ztschr. f. Handelsr. Bd. 17 (1872) S. 16 fg.) S. 87—89.

3) Dernburg II. § 11.

Rechtsl. II. S. 943): „ebensowenig ist nach der richtigen Meinung die Wirksamkeit einer richtigen Offerte an incertae personae schlechthin ausgeschlossen"; Windscheid (II. § 308 Z. 3): „Die Auslobung und die Versteigerung sind nicht die einzigen Fälle, in welchen auf Grund eines Vertragsantrages an eine unbestimmte Person ein Vertrag zustandekommen kann". Hauptvertreter der Ansicht [1]) ist Sohm (a. a. O. insb. S. 56 f.)

B macht durch seinen Apparat eine Offerte des Inhalts, dass er denjenigen, welcher ein Zehnpfennigstück in die Wage einwirft, wiegen lassen werde.

Der Antrag ist also an eine persona incerta, an eine „erst in der Zukunft sich bestimmende Person" gerichtet. Er ist jedoch so gefasst, dass sich aus seinem eigenen Inhalt die spätere Präcisierung des Oblaten ergiebt. Derjenige, welcher ein Zehnpfennigstück einwirft, ist der Oblat, und damit verwandelt sich die persona incerta in eine certa [2]).

Der Oblat erweist seinen animus contrahendi eben dadurch, dass er die vorgeschriebene Annahmehandlung, den Einwurf des Zehnpfennigstücks, vornimmt [3]).

Mit der Perfection der Annahme ist der Vertrag geschlossen. Mit dem Einwurf des Zehnpfennigstücks kommt also der Vertrag zustande, und zwar nur mit dem Einwurf eines Zehnpfennigstücks. Selbst der Einwurf einer höherwerthigen Münze lässt einen Vertrag nicht zustande kommen. Denn durch den Einwurf des Zehnpfennigstückes wird ja gerade A als Oblat der Offerte des B charakterisiert, dieser bestimmte äussere Vorgang ist die von B gebotene Annahmehandlung, durch welche allein Accept und damit Contract perficiert

---

1) Vgl. auch Seuffert, Arch. XI., 217. Im wesentlichen auf demselben Standpunkt wie Sohm steht Marsson „Die Natur der Vertragsofferte" S. 33 f.
2) Sohm a. a. O. S. 47—49.
3) Sohm a. a. O. S. 92, 99.

werden.¹) Vom Standpunkt der s. g. Realisierungstheorie, der wir folgen, versteht es sich von selbst, dass die Annahmeerklärung nicht zum Bewusstsein des B zu kommen braucht. Ihre praktische und quellenmässige Richtigkeit weist Sohm in dem angeführten Aufsatz nach. Sein eines Beispiel (S. 65) ist unserem Falle analog: ein Gastwirt hat in dem Zimmer, in dem eine Gesellschaft verkehrt, Weinflaschen zum eventuellen Gebrauch aufgestellt. Durch den Gebrauch von seiten der Gäste werden in der von uns geschilderten Weise Kauf-Verträge abgeschlossen.²)

Wäre das Wissen des B von dem Accepte des A für die Perfection des Vertrages ein Erfordernis, so würde damit der ganze praktische Zweck des automatischen Verkehrs vereitelt werden. Die Anwendung der Vernehmungstheorie³) würde Rechtsgeschäfte auf automatischem Wege überhaupt ausschliessen; die Aeusserungs- und Empfangstheorie⁴) würden praktisch wohl zu brauchbarem Ziele führen, aber die einzelnen bedeutsamen Punkte bei dem Zustandekommen des Vertrages würden nicht in der Schärfe und Klarheit hervortreten, wie es durch die Realisationstheorie ermöglicht wird. Uebrigens sei darauf hingewiesen, dass bei gewöhnlichen Verträgen unter Abwesenden die Anforderungen der Vernehmungs- bezw. Empfangstheorie und der Realisierungstheorie im praktischen Resultat übereinstimmen, nur ist der prinzipielle Grund bei der letzteren ein anderer und unserer Meinung nach richtigerer: ein Vertrag kommt nicht prinzipiell ohne Wissen des Acceptes nicht zustande, sondern der Offerent setzt hier (verkehrsüblich) als

---

1) Mit Recht bemerkt z. B. Sohm a. a. O. S. 102: „Wird vom Offerenten telegraphisches Accept gefordert, so liegt in einem die Offerte acceptierenden Briefe kein Accept, sondern eine neue Offerte von seiten des ursprünglichen Oblaten".

2) Ein anderes analoges Beispiel findet sich bei Marsson a. a. O. S. 21.

3) Vgl. über sie Windscheid II. § 306 A. 3.

4) Vgl. über sie Windscheid II. § 306 A. 2 u. 4.

Annahmehandlung seine Benachrichtigung von der getroffenen Willensentscheidung; das Accept ist also erst mit Empfangnahme von seiten des Offerenten perfect und natürlich dann erst der Vertrag[1]).

§ 3.

Die thatsächlichen Vorgänge an der Wage charakterisieren sich also als ein Vertrag unter Abwesenden; und zwar ist es eine locatio conductio operis. B, der conductor operis, ist zur Angabe des Gewichtes des seinen Apparat Benutzenden verpflichtet, während A, der locator operis, zehn Pfennig zu zahlen hat. Was die eventuellen Schadensersatzverpflichtungen aus dem Vertrage betrifft, so ist für A klar, dass er für allen Schaden aufzukommen hat, der durch seine Schuld bei der Benutzung der Wage entsteht. Die Haftung des B dagegen ist nicht so einfach festzustellen. Ihn ganz unbedingt nach den allgemeinen Grundsätzen aus dem Vertrage haften zu lassen, so dass er den Benutzern der Wage jedweden Nachteil zu ersetzen hat, welcher ihnen durch Nichtfunctionieren oder Falschfunctionieren der Wage erwachsen ist, würde zu unangemessenen Resultaten führen. Es kann z. B. jemand einen vorteilhaften Kauf abschliessen, wenn die Waare sofort gewogen wird, die Wage functioniert nicht, und der Handel zerschlägt sich; oder jemand ist eine Wette über sein Gewicht eingegangen, durch das Falschfunctionieren des Apparates entgeht ihm die Wettsumme. Soll hier B den Kaufpreis oder die Wettsumme an A zahlen? Es wird dem Willen der beteiligten Parteien, der ja innerhalb der erlaubten Grenzen die oberste Norm jedes Vertragsverhältnisses ist, sicher mehr entsprechen, wenn wir annehmen, dass B nur den direct durch ihn veranlassten Schaden — das damnum emergens — zu ersetzen hat. Er hat also, abgesehen von der selbstverständlichen Rückzahlung der zehn Pfennig, beispielshalber dem A,

---

1) Vgl. Sohm a. a. O. S. 99 f.

welcher zur Erreichung der Wage Aufwendungen gemacht hat, diese zu erstatten; für das Interesse dagegen, welches A indirect durch andere dazutretende Momente an dem Functionieren der Wage hat, für das lucrum cessans einzustehen, ist er nicht verpflichtet.

Wie unsere Construction, bei welcher der Einwurf des Zehnpfennigstückes essentiale negotii ist, als die begrifflich einzig haltbare erscheint, so dürfte sie auch die praktisch angemessenste sein. Sie gewährt dem Publikum Sicherheit, indem der ordnungsmässig Benutzende stets einen Vertragsanspruch gegen den Eigentümer der Wage erhält; andererseits wird dieser nur verpflichtet bei wirklich vollständig vorschriftsgemässer Benutzung seines Apparates. Dadurch werden unbillige Klagen gegen ihn von vornherein unmöglich gemacht.

§ 4.

Nachdem wir die Vorgänge bei normaler Benutzung der Wage geprüft haben, wollen wir untersuchen, wie sich das Verhältnis gestaltet, wenn A statt eines Zehnpfennigstücks einen Knopf oder einen anderen in thesi zur Auslösung des Mechanismus zweckdienlichen Gegenstand, z. B. eine falsche Münze, ein Bleistück in den Apparat wirft.

Die für diesen Hauptfall anormaler Benutzung der Wage im Vorlaufe der folgenden Darstellung gewonnenen Sätze lassen sich analog auf andere denkbare Fälle unerlaubten Gebrauches ausdehnen, sodass es genügt, ihrer ohne näheres Eingehen Erwähnung zu thun. Es wiegen sich z. B. mehrere, indem sie nur ein Zehnpfennigstück einwerfen; oder einer wiegt sich mehrmals, indem er das eingeworfene Geldstück mittelst eines angebrachten Fadens immer wieder herauszieht. Auch diese misbräuchlichen Benutzer des Apparates treffen, wenn sonst die Voraussetzungen gegeben sind, die gleichen Rechtsfolgen, wie wir sie für A nachweisen werden.

Wir nehmen in unserem Falle zunächst an, dass die

Wage durch den Einwurf des Knopfes functioniert. A hat sich dann eine Leistung verschafft, ohne die schuldige Gegenleistung zu entrichten, er hat die Wage des B in einer dessen Willen widersprechenden Weise benutzt. Er hat damit etwas objectiv Rechtswidriges ausgeführt.

Weiss er, dass er dazu nicht berechtigt ist, so gesellt sich zu der objectiven Rechtswidrigkeit das subjective Unrecht, der dolus. Dieser dolus hat verschiedene Wirkungen, je nachdem er aus Gewinnsucht entspringt oder nicht.

§ 5.

Entspringt der dolus aus Gewinnsucht — A will die zehn Pfennig sparen — so liegt furtum vor.

Die l. 1 § 3 D. de furtis 47,2 enthält die Legaldefinition des furtum: furtum est contrectatio rei fraudulosa lucri faciendi gratia vel ipsius rei vel etiam usus eius possessionisve; wir übersetzen: furtum ist das bewusst rechtswidrige Sichvergreifen an einer (beweglichen) Sache in der Absicht daraus einen Vermögensvorteil zu gewinnen, entweder aus der Sache selbst oder auch aus ihrem Gebrauch oder Besitz.[1)]

Der fur muss erstens den animus lucri faciendi haben. An dessen Vorhandensein ist hier nicht zu zweifeln, der A will die angebotene Leistung (Angabe seines Körpergewichts) sich verschaffen, aber den Preis dafür ersparen. Sodann wird erfordert eine contrectatio fraudulosa. Die fraus, der dolus[2)] enthält ein Doppeltes: 1) das Vorhandensein eines dem fur

---

1) Vgl. über den Begriff des furtum z. B. Windscheid II. § 452; Dernburg II. § 130; Sintenis, Gemeines Civilr. § 124 Z. I (citiert Sintenis.); Wächter, Weisske's Rechtslex. Bd. III. art. Diebstahl.

2) Paulus sent. rec. II. 31 § 1: „fur est, qui dolo malo rem alienam contrectat"; § 6 J. de obl. quae ex del 4,1: „furtum . . . . fit . . ., cum quis alienam rem invito domino contrectat"; l. 46 § 7 D. h. t.: „recte dictum est, qui putavit se domini voluntate rem attingere, non esse furem: quid enim dolo facit, qui putat dominum consensurum fuisse . . . . . ? is . . . . solus fur est, qui adtrectavit, quod invito domino se facere scivit."

entgegentretenden rechtlich geschützten Willens, d. h. das Bestehen eines Rechtes und 2) das Wissen des für von diesem Recht, verbunden mit dem Willen, sich darüber hinwegzusetzen.

Auch diese Voraussetzungen sind hier unzweifelhaft erfüllt. Fraglich bleibt nur die contrectatio.

Contrectare heisst ursprünglich „berühren", „betasten". Von dieser Bedeutung hat es sich entfernt; aber, gestattet die lateinische Sprache, von einer contrectatio usus oder possessionis zu sprechen? Manche behaupten das [1]) und sie haben eine scheinbar sichere Stütze in der Institutionenstelle § 1 J. de obl. 4, 1: furtum est contrectatio rei fraudulosa vel ipsius rei vel etiam usus eius possessionisve", in welcher die drei Genitive lediglich auf contrectatio bezogen werden können. Aber nirgends sonst findet sich in lateinischen Schriften ein solcher Sprachgebrauch. Und die Stelle selbst ist offenbar verstümmelt.[2]) Sie ist die abgekürzte, aber fehlerhaft abgekürzte Wiedergabe von Paulus l. c.: furtum est contrectatio rei fraudulosa lucri faciendi gratia vel ipsius rei vel etiam usus eius possessionisve".

Bei Paulus aber hängen die drei Genitive offenbar von lucri faciendi ab. Paulus sagt: man kann die Sache contrectieren, sowohl um durch sie selbst als durch ihren Gebrauch als durch ihren Besitz einen Gewinn zu machen. Dass das contrectare immer auf die res geht, dass in ihm ausgedrückt ist ein körperliches Einwirken auf die Sache, möchte sich schon aus Gaius III. § 195 ergeben, wo es dem engeren Begriff amovere als allgemeinerer gegenübergestellt wird, noch mehr aus l. 83 pr. D. h. t.: „fullo et sarcinator, qui polienda vel sarcienda vestimenta accepit, si forte his utatur, ex con-

---

1) Dieser Meinung ist Wächter a. a. O. S. 358; unserer Meinung sind Klien, Revision der Grundsätze über das Verbrechen des Diebstahls S. 120; Sintenis II. S. 738; Windscheid II. § 452.

2) Vgl. Schirmer, „Zur Lehre vom furtum" (Ztschr. der Sav. Stift. Rom. Abt. Bd. V.) S. 209.

trectatione eorum furtum fecisse videtur". Der Jurist sagt nicht ex contrectatione usus, sondern ex contrectatione vestimentorum. Ueberhaupt finden wir, wenn contrectare ein Object hat, nie ein anderes als einen körperlichen Gegenstand. Dernburg[1]) giebt contrectatio wieder mit „Zueignung", Sintenis[2]) mit „ansichnehmen"; aber diese Uebersetzung kann leicht zu der irrigen Auffassung verleiten, es handele sich beim furtum um ein Nehmen einer Sache in der Absicht sie zu behalten. Passender erscheint schon der Ausdruck, den Windscheid[3]) II § 452 gewählt hat, „Behandlung" oder Unterholzner[4]) „Verfügung"; er schliesst alle Fälle des furtum in sich; aber nicht ungerechtfertigt ist der Vorwurf von Dernburg, dass der Begriff in dieser Uebersetzung die nötige Bestimmtheit und damit praktische Brauchbarkeit verliere. Am angemessensten erscheint die von Vangerow[5]) angewandte Bezeichnung „Sichvergreifen", indem hierin einerseits das Rechtswidrige ausgedrückt ist, was auch in dem lateinischen Ausdruck liegt[6]), und zweitens eine gewisse Rückbeziehung auf das handelnde Subject („sich vergreifen") gefunden werden dürfte, die wohl auch im Lateinischen durch die Verstärkung des Stammwortes trahere und das sowohl verstärkende, wie ein Beziehungsverhältnis bezeichnende Vorsatzwörtchen „con" ausgedrückt wird[7]).

---

1) Dernburg II. § 180, a.
2) Sintenis II. S. 788.
3) Windscheid II. § 452.
4) Unterholzner, Schuldverh. II. S. 675.
5) Vangerow Pand. III. § 679.
6) Anderer Meinung Wächter a. a. O. S. 858; gegen ihn Brinz Pand. II. 889 A. 1.
7) Dollmann „die Entwendung nach gemeinem Recht" S. 19 hält auf grund der l. 8 § 18 D. de acquir. poss. 41, 2 contrectare und loco movere für identisch. Da nun tractare „anfassen", „berühren" heisst, so nimmt er an, dass in dem „con" das „ganze" und „völlige" liege, wodurch contrectare die Bedeutung von loco movere gewinne. Das ist nicht richtig; in der Stelle werden entgegengesetzt eine rein gei-

§ 6.

Die einzelnen Arten des furtum teilt die herrschende Meinung ein in furtum rei, furtum usus und furtum possessionis. Die Richtigkeit dieser Kategorien ist bestritten[1]), ebenso, wie die einzelnen Fälle unter sie zu subsumieren sind[2]).

Bei unserer Sachlage ist nur erforderlich zu prüfen, ob eine contrectatio im Sinne des furtum usus vorliegt.

Die herrschende Meinung führt folgende Fälle eines furtum usus an:

1. Der Pfandgläubiger nimmt die verpfändete Sache in Gebrauch; l. 55 pr. D. de furtis 47, 2 Gaius: „si pignore creditor utatur, furti tenetur"; § 6 J. de obl. quae ex del. 4, 1: „si . . . creditor pignore . . . utatur, . . . furtum committit";

2. Der Depositar thut das Gleiche mit dem Deponierten; vgl. wieder § 6 J. h. t.: si . . . is apud quem res deposita est ea re utatur, . . . furtum committit;

3. Der conductor operis [fullo und sarcinator] gebraucht die ihm zur Wiederherstellung übergebenen Kleidungsstücke:

a. selbst; l. 83 pr. D. h. t. Paulus: „fullo et sarcinator,

---

stige Thätigkeit [infitiari] und das contrectare. Der Begriff „contrectare" ist also umfassender, das loco movere ist nur eine Art der contrectatio. Diese Auffassung hat übrigens späterhin Dollmann selbst. Denn wenn er sagt: „diese Ansicht [dass ein furtum auch an Immobilien möglich] konnte nur entstehen, wenn der Grundsatz feststand dass auf das auferre nichts, alles auf das contrectare ankam", so ist damit implicite der enge Begriff aufgegeben. Vgl. Dollmann a. a. O. S. 29.

1) Vangerow Pand. III. § 679 A. 1.
2) Klien, a. a. O. S. 128 fg., giebt ein sehr genaues Schema der Fälle des furtum; gegen ihn polemisiert namentlich Bachem „der Unterschied zwischen furtum und Diebstahl" S. 8 ff., welcher wohl nicht mit Erfolg die Kategorie des furtum possessionis als unberechtigt nachzuweisen sucht; ähnlicher Ansicht ist Schirmer a. a. O. S. 210; über den Begriff des furtum possessionis herrscht wieder unter denen Streit, die ein solches annehmen, vgl. hierüber Windscheid II § 452 A. 10; Wächter a. a. O. S. 862.

qui polienda vel sarcienda vestimenta accepit, si forte his utatur, ex contrectatione eorum furtum fecisse videtur, quia non in eam causam ab eo videntur accepta";

b. er lässt sie gebrauchen; l. 48 § 4 D. h. t. Ulpianus: „si ego tibi poliendum vestimentum locavero, tu vero inscio aut invito me commodaveris . . ., competit furti actio mihi adversus te . . ., quia non debueras rem commodare et id faciendo furtum admiseris";

4. Der Commodatar disponiert anders über die commodierte Sache als in seinen Befugnissen liegt:

a. indem er sie selbst ungehörig oder zu lange benutzt; § 6 J. de obl. quae ex del. 4, 1: „si . . is, qui rem utendam accepit, in alium usum eam transferat, quam cuius gratia ei data est, furtum committit . . . [es folgen Beispiele] § 7 . . . furtum sine affectu furandi non committitur"; l. 40 D. h. t. Paulus: „qui iumenta sibi commodata longius duxerit, ... furtum facit"; vgl. auch noch l. 77 pr. D. h. t. und l. 5 § 8 D. commod. 13, 6;

b. indem er sie weiter verleiht; l. 55 § 1 D. h. t. Gaius: „eum qui quod utendum accepit ipse alii commodaverit, furti obligari responsum est".

Unzweifelhaft liegt in allen Fällen nach Ansicht der römischen Juristen furtum vor. Es wird erfordert, dass der Wille des fur bewusst rechtswidrig[1]) darauf gerichtet ist, einen Gewinn aus dem unerlaubten Gebrauch einer Sache zu ziehen; die contrectatio ist die entsprechende Einwirkung auf die Sache. Sie ist verschieden; der fur kann die Sache nehmen und sich damit bekleiden, die iumenta vor den Wagen spannen und fahren, die Sache ergreifen und sie einem anderen zeitweilig überlassen oder es gestatten, dass er sie ergreife, u. s. w.; die Modalitäten sind unbegrenzt, das untrüg-

---

1) Das ist auch hier stark betonte notwendige Voraussetzung vgl. § 7 J. h. t. und l. 77 D. h. t.

liche Kriterium dafür, dass contrectatio vorliege, ist die Thatsache, dass durch die Einwirkung auf die Sache der [wissentlich unerlaubte] Gebrauch ermöglicht wird.

Nach einer verbreiteten Meinung wird noch erfordert, dass dem Missbrauche der Sache ein contractliches Verhältnis zwischen dem Verletzten und dem Verletzenden vorausgehe, auf grund dessen eine Detention des letzteren eingetreten ist [1]).

In den angeführten Fällen besteht in der That ein solches Vertragsverhältnis. Daraus ergiebt sich aber nicht, dass dies begrifflich notwendig ist. Es ist durch nichts bewiesen, dass das betonte Moment irgend welchen Einfluss auf die juristische Qualificierung hat. Völlig unbestritten ist, dass beim furtum rei ein vorheriger Gewahrsam irrelevant für den Begriff ist; „Diebstahl" wie „Unterschlagung" sind für die Römer einfach furtum [2]). Die Analogie spricht also auch beim furtum usus gegen die erwähnte Meinung. Endlich haben wir positive Aussprüche der Quellen, welche ein furtum usus anerkennen, ohne dass das angegebene Requisit vorliegt; insbesondere l. 52 § 20 D. h. t. [3]): „si quis asinum meum coëgisset et in equas suas τῆς γονῆς dumtaxat χάριν admisisset, furti non tenetur, nisi furandi quoque animum habuit. quod et Herennio Modestino studioso meo de Dalmatia consulenti rescripsi circa equos, quibus eiusdem rei gratia subiecisse quis equas suas proponebatur, furti ita demum tenori, si furandi animo id fecisset, si minus in factum agendum".

---

1) Vgl. Klien a. a. O. S. 127 u. 177. Auch Windscheid II. § 452 A. 9 u. Dernburg II. § 130 A. 13 citiren wenigstens ausschliesslich solche Belegstellen.

2) l. 14 § 1 D. h. t.

3) Diese Stelle wird als Belegstelle für ein furtum usus unseres Wissens nur von Wächter, a. a. O. S. 364 und Bachem a. a. O. S. 19 angeführt. Klien a. a. O. S. 130 und Windscheid II. § 452 A. 7 führen sie an als Beweis, dass furtum nur vorhanden ist, wenn animus furandi bezw. [Windscheid] animus lucri faciendi vorliegt. Das ist auch aus dieser Stelle zu ersehen.

Complicierter ist der Thatbestand in der l. 14 D. commod. 13, 6. Es werden nach Ulpians Meinung, wenn ein Sklave Sachen seines Herrn einem andern commodiert hat, während dieser weiss, dass der Herr ein Commodat an ihn nicht will, sowohl Vertrags- wie Delictsobligationen erzeugt. Es ist nicht abzusehen, wie das möglich; entweder ratihabiert der Herr den vom Sklaven realiter eingegangenen Vertrag, und dann entstehen Vertragsansprüche, oder er thut es nicht, dann ist kein Vertrag zustande gekommen, und es bleiben nur Delictsansprüche übrig. Die Ansicht der Juristen war auch in der That in diesem Punkte nicht sicher, wie sich aus der l. 1 C. de furtis 6, 2 zur genüge ergiebt. Hier erkennen in einem ähnlichen Fall[1]) die Kaiser Severus und Antoninus zwar an, dass potentiell Vertragsobligationen und Delictsobligationen entstehen, entscheiden jedoch vom Standpunkt der „höheren Billigkeit"[2]) aus, unserer Anschauung nach allein richtig, dass der Herr sich zwischen den Ansprüchen zu entscheiden habe. Essentiell ist somit nur der eine oder der andere Anspruch gegeben. In dem Thatbestande der Codexstelle würde übrigens ein furtum rei vorliegen, da das Geld substantialiter consumiert wird. Doch, wie gesagt, wir lassen wegen der Complication der Sachlage und der nicht vollen Klarheit der Entscheidung die l. 14 D. commod. ausser acht[3]).

Gar nicht beweisend endlich ist die von Wächter[4]) noch angeführte l. 15 D. de cond. c. d. c. n. s. 12, 4. Denn wenn wir auch auf grund der höchst gekünstelten Construction[5]) ein furtum usus zugeben wollen, so haben wir damit

---

1) Die Sklaven haben jemand beauftragt, mit dem Gelde ihres Herrn Grundstücke zu erwerben.
2) l. c. „neque enim aequitas patitur".
3) Bachem a. a. O. S. 19 führt sie ohne näheres Eingehen als Belegstelle an.
4) Wächter a. a. O. S. 364.
5) Der Bestohlene hat einen Diebstahls verdächtigen Sklaven, welcher ihm vom Herrn zur Folter übergeben war, wider die Abrede ohne

für unsere Behauptung, dass vorherige Detention nicht nötig sei, nichts gewonnen, da ausdrücklich in der Stelle gesagt wird, dass der Sklave, an dem das furtum usus begangen, von seinem Herrn dem fur übergeben worden ist.

Die l. 52 § 20 D. h. t. dagegen ist nach Thatbestand wie Entscheidung vollkommen einfach und klar. Es hat jemand in der Absicht sich eine Ausgabe zu sparen, bewusst rechtswidrig — furandi animo — [1] — seine Stuten fremden Hengsten untergelegt. Damit hat er, so entscheidet Ulpian, ein furtum begangen. Ulpian hat mit dieser Beurteilung der Sachlage als furtum usus nur eine noch an mehreren Stellen ausgesprochene Norm angewendet.

Wir betrachten zuerst die ganz allgemein gehaltene aus Gaius III. § 195 entnommene Angabe, wann ein furtum vorliegt, § 6 J. h. t.: „furtum autem fit non solum, cum quis intercipiendi causa rem alienam amovet, sed generaliter cum quis alienam rem invito domino contrectat". Von „sed" an ist, wie die in dem folgenden Satze angeführten Fälle zeigen, vom furtum usus die Rede. Er lautet: „itaque sive creditor pignore sive is apud quem res deposita est ea re utatur sive is qui rem utendam accepit in alium usum eam transferat, quam cuius gratia ei data est, furtum commisit". Die Beispiele beziehen sich allerdings auf Personen, die mit dem Eigentümer in contractlichem Verhältnis stehen; aber es ist höchst unwahrscheinlich, dass es sich hier um eine limitative und nicht exemplificative Aufzählung handeln sollte. Die besondere Hervorhebung der contractlichen Verhältnisse erklärt sich aus einem einfachen Grunde. Sicher wird ein furtum usus öfter begangen werden an Dingen, die in gewisser Weise schon un-

---

weiteres dem Tode überantworten lassen. Darin soll das bewusst widerrechtliche uti liegen!

1) Klien a. a. O. S. 131 sieht im animus furandi nur den einfachen dolus, während wir mit Wächter a. a. O. S. 368 darin den qualificierten dolus sehen, den dolus und den animus lucri faciendi.

serer rechtlichen Machtsphäre unterworfen sind, als an denen, bei welchen es nicht der Fall ist. Denn hier wird der fur wohl in der Mehrzahl der Fälle ein furtum rei begehen und sich mit dem furtum usus nicht begnügen. Bestärkt wird unsere Annahme, dass die von Gaius angeführten Fälle den Begriff des furtum usus nicht erschöpfen sollen, mithin die vorherige Innehabung bedeutungslos ist, durch eine Gegenüberstellung in l. 40 D. h. t. Paulus: „qui iumenta sibi commodata longius duxerit alienave re invito domino usus sit, furtum facit"; erstens begeht derjenige ein furtum, welcher das geliehene Zugvieh länger als erlaubt, benutzt, und zweitens derjenige, welcher eine fremde Sache wider den Willen des Eigentümers gebraucht hat. Die beiden Teile des Ausspruchs verhalten sich genau umgekehrt zu einander, wie die von Gaius herrührenden Sätze. Während bei diesen der erste die allgemeine Regel angiebt, der zweite Beispiele anführt, so bringt hier der erste einen concreten Fall und der zweite die abstracte Regel, nach der entschieden ist. Dass nur die in ihr liegenden Merkmale inbetracht kommen, können wir auch aus der verschiedenen Beurteilung eines Falles durch Pomponius[1]) und Ulpian[2]) ersehen[3]). Jener war der Ansicht, dass der Gebrauch einer Sache, welchen man für einen widerrechtlichen hält, während der Eigentümer ihn gestattet hat, ein furtum involviere; Ulpian dagegen leugnet dies, da hier das Recht des Eigentümers nicht wider seinen Willen verletzt sei. Bei diesen Erwägungen, in welchem Falle ein uti ein furtum usus begründe, wird aber von keiner Seite auch nur mit einem Wort der vorherigen erlaubten Detention gedacht; ihr Fehlen oder Vorhandensein muss also nach Ansicht der Juristen für die juristische Charakterisierung eines Thatbestandes als furtum usus nichts verschlagen. Furtum usus ist

---

1) Er lebte zu Hadrians u. Antonins Zeiten.
2) Zur Zeit Alexander Severs blühend.
3) l. 46 § 8 D. h. t.

— das ist der Satz der Quellen — ganz allgemein jedes bewusst widerrechtliche Sichvergreifen an einer beweglichen Sache, um aus ihrem blossen Gebrauch Vorteil zu ziehen. Das Sichvergreifen kann geschehen, indem man einen erlaubten Gebrauch überschreitet oder indem man sich einen Gebrauch an einer Sache, an der man vorher gar kein Recht hatte, anmasst [1]). Dem Wesen nach verschieden sind aber diese beiden Handlungen nicht.

Der Einwurf des Knopfes ist eine contrectatio in diesem Sinne. Denn dadurch stellt A zwischen sich und der Wage ein Verhältnis her, welches ihm die Möglichkeit gewährt, dieselbe zu benutzen.

Auch in unserem Falle sind die Voraussetzungen des furtum usus gegeben.

§ 7.

Das römische Recht kennt zwei Klagen, die ein furtum zur Voraussetzung haben: die condictio furtiva und die actio furti. [2])

Wir können die Streitfrage unerörtert lassen, ob die condictio furtiva Bereicherungs- oder Delictsanspruch oder beides sei. [3]) Sicher und für uns einzig in Frage kommend ist, dass

---

1) Nach diesem Gesichtspunkte der Gebrauchsüberschreitung und der Gebrauchsanmassung teilt auch Wächter, a. a. O. S. 364 das furtum usus ein. Dies erscheint angemessener als der von Bachem, a. a. O. S. 19 aufgestellte Gesichtspunkt der vorherigen Innehabung oder Nichtinnehabung, weil dadurch leicht auf das Wegnehmen der Sache ein ungehöriger Nachdruck gelegt werden kann. Dass wir die zu c und d l. c. von Bachem genannten Fälle eines furtum usus nicht für solche erachten, hängt mit unserer oben S. 16 ausgesprochenen Ansicht über das Misslingen seines Versuches, die Kategorie des furtum possessionis vollständig zu beseitigen, zusammen.

2) Vgl. darüber Windscheid II. § 453.

3) Die herrschende Meinung sieht sie an als ein Klagerecht aus ungerechtfertigter Bereicherung, so Savigny System V. S. 551—564 und die bei Windscheid II. § 359 A. 14 Aufgezählten; anderer Meinung Windscheid II. § 453 A. 1.

der fur getroffen wird, *licet non possideat*,[1]) also auch wenn er sich einer Bereicherung aus dem furtum nicht mehr erfreut.

Schwieriger ist, den Umfang des Anspruches festzustellen. Selbst bei dem furtum rei ist das nicht immer selbstverständlich, noch weniger bei dem furtum possessionis und usus. Unbestritten ist der reipersecutorische Charakter der Klage; l. 21 § 5 D. de act. rer. amot. 25,2: „haec actio licet ex delicto nascatur, tamen rei persecutionem continet ....., sicut et condictio furtiva."

Aber worin besteht die res, welche dem Bestohlenen entzogen ist und die er zurückzuerlangen sucht? Genaue Untersuchungen hierüber finden sich in l. 27 D. de furtis 47,2 von Ulpian; es handelt sich um die Wegnahme von Schuldurkunden, und Ulpian tritt einer verbreiteten Ansicht, welche als massgebend für die Schadensberechnung die res (die bestehende Schuld oder vollends gar deren Nominalbetrag) ansah, energisch entgegen, indem er ausführt, dass nicht die res als solche, sondern der Schade, den ihre Entwendung dem Betroffenen verursacht, von Bedeutung ist. Seine Erwägungen beziehen sich auf die actio furti;[2]) für sie stellt er ohne Einschränkung den Satz auf: „generaliter dicendum est id quod interest duplari." Genau so Paulus l. 28 h. t. „..... tanto tenetur, quanti domini interfuit non subripi." Diese zunächst für das furtum rei gegebenen Entscheidungen haben wir analog auch für den Fall des furtum usus als geltend anzusehen.[3]) Anderer Meinung ist Schirmer.[4]) Er glaubt, dass

---

1) § 19 J. de obl. 4,1. Im übrigen herrscht auch hier Streit: Windscheid II. § 453 A. 5 lässt auch die Gehülfen haften, während Dernburg II. § 139,b diese sowohl wie den Anstifter ausschliessen will.

2) Diese Bezugnahme auf die actio furti ist nötig, da die falsche Ansicht Schirmers über den Gegenstand der condictio furtiva beim furtum usus auf Stellen über die actio furti beruht.

3) Mit Recht hebt Vangerow Pand. III. § 679 A. 1 in seiner Polemik gegen die Dreiteilung des furtum hervor, dass sicher eine Verschiedenheit der Rechtsnormen an diese Einteilung nicht geknüpft sei.

4) Vgl. Schirmer a. a. O. S. 217.

in allen Fällen, insbesondere auch bei dem furtum usus das Simplum der Klage in dem ganzen Sachwerte bestehe. Es soll dies folgen aus der l. 81 § 1 D. de furtis 47,2: „cum autem iure dominii defertur furti actio, quamvis non alias, nisi nostra intersit, competat, tamen ad aestimationem corporis, si nihil amplius intersit, utilitas mea referenda est, ... (q u i a) itaque tunc sola utilitas aestimationem facit, cum cessante dominio furti actio nascitur, q u i a in istis causis ad aestimationem corporis furti actio referri non potest." Die Regel soll sich namentlich klar aus der Gegenüberstellung der beiden Teile des Fragments bis „referenda est" und von „itaque" bezw. „quia" (da S c h i r m e r sich dieser Mommsenschen Conjectur nicht angeschlossen hat) ergeben. Wir können die Schirmer'schen Schlüsse nicht ziehen; unserer Meinung nach wird auch bei dieser Entscheidung es als feststehend angenommen, dass zur Anstellung der actio furti ein Interesse vorliegen müsse. Dieses wird ausdrücklich in dem Satze mit „quamvis" betont. Dasselbe bildet das Simplum der auf ein Multiplum gehenden Klage des Eigentümers. Wie gross es sei, hat er anzugeben; wenn sich nichts besonderes nachweisen lässt, dann ist naturgemäss das Interesse identisch mit dem Verkehrswert der Sache. Das wird im Leben das Gewöhnlichste sein. So kann natürlich nicht der nur irgendwie an der Sache Berechtigte handeln, er kann als Simplum der Klage nur angeben das Interesse, welches er an ihr, bezw. ihrer Nichtentwendung hat, nicht aber den davon gänzlich unabhängigen allgemeinen Sachwert.

Einen Anwendungsfall seiner Regel sieht Schirmer in der von Pomponius herrührenden l. 16 D. de cond. furt. 13,1. Das Fragment lautet: „qui furtum admittit vel commodata re vel deposita utendo, condictione quoque ex furtiva causa obstringitur: quae differt ab actione commodati hoc, quod, etiamsi sine dolo malo et culpa eius interierit res, condictione tamen tenetur." „Also — sagt Schirmer¹) — geht die condictio nicht auf das aus dem usus gezogene lucrum, sondern auf die res ipsa". Also in unserem Fall hätte B gegen A einen Anspruch auf den Wert der Wage, d. h. er würde ein Tausendfaches seines (in 10 Pfennig bestehenden) Schadens erhalten. Diese Consequenz ist so ungeheuerlich, dass die Behauptung selbst nicht richtig sein kann. Das wäre nicht mehr rei persecutio, sondern poena, das wäre für den Bestohlenen nicht mehr Ersatz, sondern Gewinn, tausendfacher Gewinn. Pomponius will offenbar für den fur usus nur dasselbe sagen, was Tryphoninus in der l. 20 D. de cond. furt. 13,1 für den fur rei sagt, dass nämlich der Contrectierende für casus einsteht, natürlich nur solange als die Contrectation dauert. Wir haben uns im Fall der l. 16 zu denken, dass der Eigentümer seine Sachen wegen der widerrechtlichen Benutzung vom Commodatar oder Depositar zurückfordert, und ihm nun entgegengehalten wird, sie seien casuell untergegangen. Hier entspricht es römischen Anschauungen, überhaupt der Billigkeit, dass dem fur der Nachweis abgeschnitten wird, zwischen seinem Thun und dem casuellen Untergang der Sache bestehe kein Causalzusammenhang; woraus folgt, dass er ohne weiteres die während dieser Zeit eingetretenen Ereignisse in ihren Consequenzen über sich ergehen zu lassen hat.

Positiv widerlegt wird die Ansicht Schirmers durch die l. 3 D. h. t., in der es heisst: „id venire in condictionem certum est quod intersit agentis."

Dass die condictio furtiva auf das Interesse geht, ist auch die allgemein herrschende Ansicht²).

Worin besteht nun in unserem Falle das Interesse, welches

---

1) A. a. O. S. 217.
2) Vgl. z. B. Dernburg II. § 130,c; Windscheid II. § 453 Z. 1; Unterholzner, Schuldverh. § 330 A. a.—g.; Sintenis II. S. 552.

B daran hat, dass seine Wage nicht unentgeltlich benutzt werde? Die Antwort lautet: in dem Entgelt, den er für die Benutzung festgesetzt hat. Darnach ist A also verpflichtet, die zehn Pfennig nachzuleisten. So günstig läuft der Missbrauch der Wage für den A aber nur ab, wenn der Apparat durch den fremden Gegenstand nicht in Unordnung gebracht wird. Ist dies — was sehr leicht möglich ist — geschehen, dann wird der Satz, dass das Interesse ersetzt werden muss, für den fur sehr fühlbar [1]. Das Interesse umfasst bekanntlich [2] nicht nur die positive Vermögensminderung, die durch eine Thatsache, für welche eingestanden werden muss, hervorgerufen ist, sondern auch negativ das Ausbleiben der Vermögensmehrung, welche ohne die betreffende Thatsache eingetreten wäre; z. B. l. 13 D. ratam rem haberi 46,8: „... quantum mea interfuit, id est quantum mihi abest quantumque lucrari potui." A muss also zunächst das damnum emergens — die positive Seite des Interesses — wieder gut machen, d. h. er muss die gesamten Reparaturkosten bezahlen. Für seine weitere Verpflichtung auch das lucrum cessans — die negative Seite des Interesses — zu ersetzen, können wir uns neben den allgemeinen Grundsätzen über das Interesse auf einen ausdrücklichen Quellenausspruch berufen, die schon erwähnte l. 3 D. h. t. Nach ihr kann nämlich bei der Condiction eines Sklaven, der in der Zwischenzeit eine Erbschaft hätte erwerben können, der Wert der Erbschaft ersetzt beansprucht werden. Schwierig ist in unserem Falle nur, den entgangenen Gewinn näher zu erweisen; doch werden für die Benutzung der Wage Durchschnittszahlen zu ermitteln sein, an deren Hand eine angemessene Entschädigung festzusetzen, dem Takte des Richters überlassen werden muss.

---

[1] Die an sich auch anwendbare actio legis Aquiliae wird durch diese Gestalt der condictio furtiva überflüssig gemacht.
[2] Vgl. darüber Arndts Pand. § 206.

Die Klage ist der gewöhnlichen Verjährung unterworfen und geht aktiv wie passiv ganz — nicht blos bis zur Höhe der Erbschaft des fur — auf die Erben über,[1] l. 21 D. de act. rer. amot. 25,2: „haec actio (licet ex delicto nascatur, tamen rei persecutionem continet et ideo) non anno finitur, sicut et condictio furtiva;" und l. 7 § 2 D. de cond. furt. 13,1: „condictio rei furtivae, (quia rei habet persecutionem,) heredem quoque furis obligat."

§ 8.

Die zweite Klage, die nach römischem Recht aus dem furtum entsprang, war die actio furti. Sie ging auf ein Multiplum (quadruplum oder duplum) des Interesses des Geschädigten und war (mindestens in den Fällen, wo dem Geschädigten neben ihr eine condictio furtiva zustand) reine Strafklage. Als solche ist sie dem heutigen Recht unbekannt[2]).

§ 9.

Als wesentliches Requisit des furtum usus haben wir den animus furandi hinstellen müssen. Ist es aber nötig, dass jede dolose (bewusst rechtswidrige, missbräuchliche) Benutzung der Wage gerade aus diesem animus entspringt? Wir glauben dies bestimmt verneinen zu können; es sind ganz andere Motive denkbar, die zur Benutzung der Wage veranlassen:

---

1) Ueber Erklärungsversuche dieser auffallenden Erscheinung vgl. nam. Glück Pand. XIII. S. 231; ferner Windscheid II. § 359 A. 14 und § 425 A. 4. In diesem Punkte zeigt sich eben recht die Zwitternatur der condictio furtiva: eine Bereicherungsklage, die angestellt werden kann, ohne dass Bereicherung vorhanden; eine Delictsklage, die unbeschränkt auf die Erben übergeht!

2) Dies ist die allgemeine Ansicht, vgl. Wächter, a. a. O. S. 368; Sintenis II. § 124 A. 3; Windscheid II. § 453 A. 16 u. § 326 A. 4; Dernburg II. § 130 Z. 2. Der Streit ob die actio furti als reipersecutorische Klage nicht denen zuzubilligen, welche die condictio furtiva nach römischem Recht nicht haben, ist für uns ohne Interesse; vgl. Windscheid II. § 453 A. 16 u. § 326 A. 4 (dagegen) und Dernburg II. § 130 Z. 2 (dafür).

Es will jemand ausprobieren, ob der Apparat wirklich nur auf den Einwurf eines Zehnpfennigstückes hin reagirt; ein anderer ist mit einem Kameraden eine Wette eingegangen, er könne sich jederzeit kostenlos auf fremder Wage wiegen, und macht nun dem Verblüfften das Experiment vor; ein dritter findet es albern von dem Eigentümer, andern zuzumuten auf seine Bedingungen zu hören, und benutzt die Wage, obwohl er sein Gewicht weiss, aus einer Art Trotz mittelst des eingeworfenen Knopfes. Solche Beispiele liessen sich beliebig vermehren. So verschieden die Motive sein mögen, sie haben ein Merkmal gemeinsam: das ist die frivole Missachtung des Willens und des Rechtes des andern, unter Umständen geradezu eine Verhöhnung seiner Person. Und hiergegen sollte der B nicht geschützt sein? Unserm Gefühle nach muss hier, wie kaum sonst, die actio iniuriarum platzgreifen.

Der Begriff der iniuria der Quellen ist schwer zu bestimmen [1]). Ganz allgemein wird pr. J. de iniur. 4,4 gesagt: „generaliter iniuria dicitur omne, quod non iure fit." Damit soll nicht eine Definition gegeben, sondern nur gesagt werden, dass eine Injurie nur vorhanden ist, wenn eine Berechtigung des Handelnden nicht vorgelegen hat. Sodann wird als massgebend für iniuria im technischen Sinne die contumelia [2]) angegeben; es muss eine Missachtung der Person ausgedrückt sein. Die Institutionen führen eine Reihe einzelner Fälle auf, schliessen aber mit der generalis clausula „et denique aliis pluribus modis admitti iniuriam manifestum est." Eine feste Umgrenzung findet sich nicht. Ungefähr ebensoviel ersehen wir aus l. 1 pr. D. de iniur. 47,10.

1) Ueber den Stand der iniuria-Lehre vgl. J h e r i n g, Rechtsschutz gegen injuriöse Rechtsverletzungen (Jahrb. f. Dogm. Bd. 23 Nr. 6) S. 163—180.
2) Ueber den Begriff der contumelia s. nam. W a l t e r, Ueber Ehre u. Injurie nach röm. R. (Neues Arch. f. Crim.-Recht Bd. IV 1820 S. 108—140 u. 241—308).

Durchmustern wir die Fälle, in denen actio iniuriarum gewährt wird, so ergiebt sich leicht, dass der Begriff im Laufe der Zeit sich erweitert hat.[1]) Des öfteren wird ausdrücklich bemerkt, dass nach älterer Meinung eine actio iniuriarum nicht platzgriffe; z. B.[2]) l. 44 D. h. t. Javolenus[3]): „si inferiorum dominus aedium superioris vicini fumigandi causa fumum faceret, aut si superior vicinus in inferiores aedes quid aut proiecerit aut infuderit, negat Labeo[4]) iniuriarum agi posse: quod falsum puto, si tamen iniuriae faciendae causa immittitur." Aus den unbestimmten Worten des Edictes[5]): „(qui agit iniuriarum .... dicat,) quid iniuriae factum sit konnte die Praxis den Begriff der iniuria unter steter Anpassung an die Bedürfnisse des Lebens frei gestalten und immer weiter ausbauen.[6]) Ob die römischen Juristen dabei einen vollkommen einheitlichen Begriff festhielten, darüber haben sie sich selbst nicht Rechenschaft gegeben. Erst der neueren Systematik ist es gelungen, zwei wesentlich verschiedene Species in dem Genus iniuria festzustellen.

Den Anfang machte Ferd. Walter in einer 1818 von der Heidelberger Juristenfakultät mit ganz besonderer Auszeichnung gekrönten Preisarbeit. Er nimmt an, dass die actio iniuriarum eine doppelte Function ausgeübt hat,[7]) einerseits die allgemeine menschliche Ehre zu schützen, andererseits Angriffe auf die Rechtsfähigkeit der Person zu sühnen. Schärfer und richtiger präcisiert Sintenis[8]) den Gegensatz, indem er von mittelbarer und unmittelbarer Beleidigung spricht, je nachdem die Absicht zunächst die „Freiheit Anderer

---

1) Jhering a. a. O. S. 156 f.
2) Vgl. auch noch l. 13 § 7 D. h. t. u. l. 1 § 38 D. depos. 16,3.
3) Er lebte zur Zeit Trajans u. Hadrians.
4) Er war ein Zeitgenosse des Augustus.
5) Cfr. l. 7 pr. D. h. t.
6) Jhering a. a. O. S. 165.
7) Vgl. Walter, a. a. O. insbes. S. 243.
8) Sintenis II. § 124 IV. S. 765 f.

in der Ausübung ihnen zuständiger Rechte" und nur mittelbar deren Persönlichkeit (das Recht jeder Person auf allgemeine Anerkennung ihrer bürgerlichen Würdigkeit überhaupt) betrifft oder die letztere unmittelbar antastet. Auf diesem Gegensatz fusst auch J h e r i n g, indem er gegen unmittelbare Injurie eine abstracte, gegen mittelbare Injurie eine concrete Injurienklage unterscheidet.

Eine unmittelbare Injurie liegt vor und die abstracte Injurienklage ist begründet, wenn die Person angetastet wird in dem „was sie ist"[1]), so in ihrem Körper, ihrer Ehre, ihrer Freiheit. Aber „die Person kann auch verletzt werden in dem, was sie hat, hier findet die Klage in ihrer späteren oder suppletorischen Function: die concrete Injurienklage statt."

Wann liegt ein derartiger Fall vor? Aus der Betrachtung der Quellen haben wir schon zwei notwendige Voraussetzungen für die Anwendbarkeit der mittelbaren Injurienklage kennen gelernt. Es ist erstens ein non iure factum, und zweitens eine contumelia darin erforderlich. Das erste Moment teilt der Thatbestand der Injurienklage mit dem aller Klagen, die aus einer Verletzung der Person in dem „was sie hat" entspringen; in dem zweiten Moment liegt einerseits das Gemeinschaftliche mit der abstracten Injurienklage und sodann das unterscheidende Merkmal gegenüber allen anderen Ansprüchen, die auf mittelbarer Verletzung der Person beruhen, wie z. B. denen aus dolus oder furtum. Einen Fingerzeig dafür, was dies Unterscheidende sei, gewährt uns ein Ausspruch Ulpians, l. 3 § 1 D. h. t.: „..... cum iniuria ex affectu facientis consistat ...." Es ist ein bestimmter animus erforderlich, der die Handlung zu der iniuria macht, der animus inuriandi. Nicht liegt dieser allein in der bewussten Rechtswidrigkeit des Handelns; denn auch der Dieb, der Räuber, der Betrüger

---

1) J h e r i n g a. a. O. S. 180.

sind sich bewusst, dass ihre Handlungsweise gegen das Recht verstösst, ohne dass dieselbe darum sich als Injurie charakterisiert; auch nicht allein in einer bestimmten Absicht, aus der heraus und zu deren Realisierung die als iniuria qualificierte Handlung vorgenommen wird. Wir sehen, dass mit der actio iniuriarium belangt wird, wer einem anderen den Gebrauch von res publicae verbietet, l. 13 § 7 D. h. t.; wer wider den Willen des Eigentümers in dessen Haus hineingegangen ist, l. 23 D. h. t.; wer dem Eigentümer untersagt, sich seiner Sache zu bedienen, l. 24 D. h. t.; wohl auch derjenige, der wider den Willen des Eigentümers auf dessen Grundstück jagt, arg.[1] l. 3 § 1 D. de acquir. rer. dom. 41,1; wer sich widerrechtlich in den Besitz des Vermögens jemandes gesetzt hat, l. 15 § 31 D. h. t.; wer einem anderen die gekaufte und tradierte Sache vorenthält, l. 25 D. de act. emt. 19,1. Bald wird in diesen Fällen aus Eigennutz gehandelt, bald fehlt wieder Eigennutz, und doch wird in allen Fällen die actio iniuriarum gegeben. Zweck und Motiv des Thuns können sehr verschieden sein, aber eins ist immer gleich, die Missachtung des fremden Rechtes und die frivole Gleichgültigkeit über das eigene Unrecht. Der Dieb, der Räuber, der Betrüger, sie fürchten die Rechtsordnung[2] und erkennen sie in abstracto an, sie suchen nur sie in concreto auf eine Weise, bei der sie ihr zu entgehen hoffen, zu durchbrechen. Der Injuriant glaubt sich über die Rechtsordnung hinwegsetzen zu dürfen, die der bestimmten Person aus ihr zugeflossenen Rechte nicht respectieren zu brauchen. Der Wille, das Recht, die Person des anderen erscheint dem Injurianten irgend einer Rücksichtnahme und Beachtung nicht wert; er

---

1) Auf jeden Fall in der gemeinrechtlichen Praxis; Berlichius Practicae Conclusiones V. 59 de iniuriis § 100; „. . . . vel alterius agrum venandi causa intraverit;" vgl. Landsberg, iniuria u. Beleidigung S. 70.
2) Jhering, a. a. O. S. 189.

thut was er will, weil er es will, um einen Rechtsgrund für sein Handeln oder Sicherheit gegen die Folgen der That kümmert er sich nicht; der andere muss sich nach Ansicht des „injuriösen Rechtsverletzers"[1]) seine Willkür gefallen lassen. Hierin liegt die Richtung gegen die Person, die contumelia, welche der notwendige Bestandteil jeder iniuria ist. Mittelbare Injurie ist jede in schnödem Indifferentismus gegenüber dem Rechte des Mitmenschen vollführte Handlung[2]).

Alle diese Kriterien treffen in unserem Falle mit der Wage zu. Alle Motive der Benutzung der Wage, die wir abgesehen von dem animus furandi für möglich erklärten, tragen diesen Stempel (den animus iniuriandi) an sich. A hat sich also B gegenüber einer iniuria im technischen Sinne schuldig gemacht.

§ 10.

Haben wir uns mit der Formulierung des Injuriabegriffes im wesentlichen[3]) auf den Standpunkt Jherings gestellt, so bleibt zu untersuchen, wie dieser Standpunkt sich verträgt mit den herrschenden Anschauungen über dieses Delikt, seinen Umfang, seine Folgen.

Als Ausdruck der communis opinio darf Windscheids[4]) Fassung gelten: iniuria sei „jede Handlung, durch welche eine Missachtung der fremden Persönlichkeit rechtswidrig an den Tag gelegt wird." Er fügt hinzu, der Ausdruck der Missachtung brauche nicht notwendig Zweck der Handlung zu sein, es genüge das Bewusstsein des Handelnden von der

---

1) Jhering, a. a. O. S. 190.
2) „Handlung" im weitesten Sinne genommen.
3) Dass der Injuriant bei dem Betroffenen Rechtsfeigheit supponiere — wie Jhering a. a. O. S. 190 angiebt — erscheint uns für den Begriff der iniuria nicht wesentlich; es wird allerdings sehr häufig der Fall sein. — Dass Jhering selbst Thatbestände als Injurien charakterisiert, die nicht einmal unter den von uns erweiterten Begriff fallen dürften, werden wir noch nachzuweisen suchen.
4) Windscheid II § 472.

durch seine Handlungsweise bezeugten Missachtung. Aus dieser Fassung ist nicht ohne weiteres ersichtlich, was für Thatbestände unter den Begriff fallen. Wir könnten zunächst versucht sein die Definition analog der der deutschen Injurie[1]) und der Beleidigung unseres Reichsstrafgesetzbuches aufzufassen, die (nach Berner[2]) „die unberechtigte Darlegung der Missachtung einer Person" ist. Doch der Zusatz: (die Quellen) „finden eine Injurie in jeder bewussten Rechtsverletzung" zeigt, dass auch bei Windscheid der Begriff ein viel weiterer ist und Thatbestände in sich schliesst, die unter die deutsche „Beleidigung" nicht fallen. „Omne quod non iure fit" ist iniuria. Ausgeschlossen aber wird die actio iniuriarum, wenn die Voraussetzungen eines speciellen Delictes vorliegen; sie ist stets nur subsidiär anwendbar. Worin dann das Charakteristische der anderen Fälle liegt, wird bei Windscheid, überhaupt bei der herrschenden Meinung[3]) nicht hinlänglich klar. Die Fälle der Quellen sind nicht erschöpfend, sondern nur als Beispiele anzusehen. Bei manchen dieser Fälle ist jedoch schlechterdings nicht abzusehen, wie gerade bei ihnen ein Ausdruck der Missachtung der Persönlichkeit hervortritt. Mit Recht hat Jhering diesen Mangel gerügt. Er zeigt das Unhaltbare der herrschenden Lehre, sowohl aus allgemein dogmatischen Gründen, wie wegen mangelnder Quellenbelege;[4]) Jherings eigene Lehre macht zum ersten Male wirklich verständlich, worin die Missachtung der Person liegt. Für unsern Fall von der Wage können wir sagen, dass die

---

1) Ueber sie vgl. Heffter, die Begriffsverschiedenheit der röm. und deutschen Injurie (Arch. d. Crim.-R. N. F. 1839).

2) Berner, Strafrecht S. 465.

3) Als Vertreter können ausser Windscheid genannt werden Dernburg II. § 137 A. 9; Arndts Pand. § 339; Vangerow Pand. III. § 701; Unterholzner, Schuldverh. II. § 714; Sintenis II. S. 766 (nicht unbedingt), vgl. ferner noch die bei Landsberg a. a. O. S. 12 Aufgeführten.

4) Vgl. Jhering a. a. O. nam. S. 168—170 u. 183—185.

herrschende Lehre zwar die Subsumption desselben unter den Begriff iniuria weder verbietet, noch gebietet, aber irgend welche Sicherheit der Entscheidung uns nicht liefert. Dies thut nur die Jhering'sche Theorie.

§ 11.

Eine Berichtigung sowohl der Jhering'schen Theorie, wie der herrschenden Lehre ist neuerdings versucht worden von Landsberg.[1])

Auch Landsberg sieht den Hauptübelstand der Iniuria-Lehre darin, dass der Begriff zu verschwommen ist, und die Klage subsidiär ohne leitenden Gesichtspunkt gegeben wird, aber alle Versuche Jherings den Begriff fester zu umgrenzen bezeichnet er als misslungen. Zunächst hält er die von Jhering durchgeführte Zweiteilung des Begriffes für quellenwidrig, historisch unbegründet und dogmatisch wertlos.[2]) Der erste Vorwurf übersieht, dass es gerade Aufgabe der Doctrin ist, die zahlreichen Einzelfälle, welche von den römischen Juristen oft mehr durch Intuition unter den richtigen Begriff subsumiert sind, aus sich heraus systematisch zu ordnen, auch wenn in den Quellen andere Einteilungsversuche sich finden, da diese häufig unzureichend sind.[3]) Warum es ferner „historisch unbegründet" sein soll, einen Begriff, der sich im Laufe der Zeit weit über seinen ursprünglichen Umfang erweitert hat, dadurch nach seinen verschiedenen Richtungen zu charakterisieren, dass man ihn in Unterabteilungen zerlegt, ist uns unverständlich.[4]) Und dass die

---

1) Injuria und Beleidigung Bonn 1886.
2) A. a. O. S. 12, 19, 20.
3) Solche Klassificierungsversuche enthält die l. 1 §§ 1 u. 2 D. h. t.
4) Landsberg bemerkt (a. a. O. S. 63), dass der Begriff der iniuria aus zwei verschiedenen Grundbegriffen zusammengewachsen sei, der iniuria als Verletzung der Person und der contumelia als Verletzung der existimatio. Sein geschichtlicher Beweis aber, dass dies die beiden Grundelemente seien, ist durchaus hypothetisch. (Vgl. a. a. O. S. 29—40). Die Unrichtigkeit der Jhering'schen Unterscheidung wird nur behauptet, nicht bewiesen.

Einteilung „dogmatisch wertlos" sei, kann schon aus dem Grunde nicht zugegeben werden, weil auf ihrer Grundlage das reiche casuistische Material gut geordnet ist.

Auch den weiteren Gedanken Jherings die römische Iniuria als frivole Missachtung fremden Rechts zu definieren bemängelt Landsberg[1]). Es sei nicht wahr, auch praktisch nicht durchführbar, nur solche Handlungen unter die actio iniuriarum zu ziehen, bei denen ein Recht des Injuriierenden ausgeschlossen sei; man brauche nur das „Nötige" hinzuzudenken, um allemal einen Rechtsstreit über Berechtigung oder Nichtberechtigung des Thuns möglich erscheinen zu lassen. Es gebe eben kein Recht oder Unrecht in thesi; die Qualität der Widerrechtlichkeit sei eine „absolut relative" und nur unter gewissen positiven und negativen Voraussetzungen denkbar. Das ist unbestreitbar richtig, und man kann deshalb vielleicht die abstract philosophische Formulierung Jherings[2]) — „was in thesi den Charakter des Unrechtes an sich trägt, kann in hypothesi nicht Gegenstand eines Rechtsstreites sein" — bedauern, weil sie eine ebenso abstracte Widerlegung zulässig erscheinen lässt. Materiell aber hat Landsberg Unrecht. Darauf kann es nicht ankommen, was möglicherweise der Thäter behaupten, richtiger zusammenlügen kann, sondern ob sich die Handlung prima facie als ohne Rechtsgrund geschehen zeigt oder nicht.

Wenn Landsberg (a. a. O. S. 25) von der Kammerzofe, die die Toilette ihrer Herrin benutzt, die Ausrede vorbringen lässt, die Kleider seien ihr geschenkt worden, so beweist er damit selbst, zu welchem Resultat ein willkürliches „Hinzudenken" in praxi führt: zur Abgeschmacktheit. Dann wäre selbst die auf offener Strasse zugefügte Ohrfeige nicht

---

[1] Landsberg a. a. O. S. 23 ff.
[2] Jhering a. a. O. S. 194.

ohne weiteres eine Beleidigung; denn der Thäter könnte behaupten, dass er ein Züchtigungsrecht habe und durch besondere Umstände verhindert werde, es anderswo auszuüben. Schwerer wiegen die Bedenken gegen die weitere Annahme Jherings, dass der Thäter sich offen zu seinem Unrecht bekenne, während er bei dem Betroffenen Rechtsfeigheit supponiere. Das trifft anscheinend nicht immer zu, z. B. nicht in dem Falle der l. 21 § 7 D. de furtis 47,2, welche Landsberg anführt. Die Stelle, von Paulus herrührend, lautet: „qui furti faciendi causa conclave intravit, nondum fur est, quamvis furandi causa intravit. quid orgo? qua actione tenebitur? utique iniuriarum: aut de vi accusabitur, si per vim introivit." Diese Entscheidung scheint allerdings direct zu widersprechen. Kann man von diesem diebeslüsternen Eindringling sagen, dass er sich zu seinem Unrecht offen bekenne? dass er bei dem Herrn des Hauses Rechtsfeigheit supponire? Aber der Schein schwindet, wenn wir das utique richtig bewerten. Die Römer haben offenbar das Eindringen in ein fremdes Haus schlechthin für iniuria erachtet. Die l. 23 D. h. t. sagt das ausdrücklich: qui in domum alienam invito domino introiret, quamvis in ius vocati, actionem iniuriarum in eum competere Ofilius ait. Sicher sind bei einer solchen That in der weitaus grössten Zahl der Fälle die von uns aufgestellten Erfordernisse für die Injurie erfüllt; und die römischen Juristen mögen sich hier auf eine allzu subtile Untersuchung, ob der Thäter den eigentlich erforderlichen Indifferentismus in vollem Masse gehabt habe, aus praktischen Gründen nicht eingelassen, vielmehr in diesen Fällen gleichsam eine praesumptio iuris et de iure über das Vorhandensein des animus iniuriandi aufgestellt haben.

Landsbergs eigene Meinung ist, dass iniuria ein einheitlicher Begriff, die Verletzung der bürgerlichen Rechtspersönlichkeit sei.[1]) Vorweg bemerkt er (wohl nicht ohne

---

1) Landsberg a. a. O. S. 28.

Seitenblick), dass er sich an das Detail halten und nicht dem freien Fluge der Phantasie folgen wolle. Leider können wir nicht zugeben, dass er sich vor letzterem Fehler bewahrt hat. Seine Darstellung der geschichtlichen Entwickelung der Begriffe sind im wesentlichen Hypothesen. Aus Gaius (III. § 223) zieht er nach einigen an sich geistreichen Erwägungen den Schluss: „Es wird sich demnach behaupten lassen, dass der Begriff iniuria nach den XII Tafeln, wenigstens der Potenz nach in sich enthält Verletzung des Körpers, Entziehung der Freiheit, Notzucht und welche Schädigung und Unbill auch immer sonst noch die Person ausserhalb ihres Vermögens treffen kann. Actuell wird man allerdings zur Zeit der XII Tafeln dabei durchweg blos an Körperverletzungen gedacht haben"[1]. Allmählich soll nun der Begriff der iniuria durch Ausscheidung der schweren Körperverletzungen zu besonderen Delicten in der Richtung der mehr ideellen Verletzungen der Person zu Actualität gelangt sein, indem damit gleichzeitig eine innere Annäherung der Begriffe iniuria und contumelia sich vollzog[2]. Diese Entwickelung soll dann zur Zeit der klasischen Juristen dadurch zum Abschluss gekommen sein, dass man die alte Basis der iuiuria, die Trennung zwischen Verletzungen der Person und des Vermögens, völlig verlassen hat und unter iniuria alle blos contumeliösen Verletzungen fallen lässt. Iniuria ist somit contumelia und diese — von Walter hergenommen — „die Verachtung, welche einem Bürger dadurch ausgedrückt wird, dass man ihn in seiner Rechtspersönlichkeit durch Verletzung dieser oder eines aus ihr fliessenden Rechtes kränkt". Diesen mühsam bewiesenen Satz findet Landsberg selbst zu „formlos" und „hohltheoretisch", als dass es mit ihm den römischen Juristen ernst[3] gewesen sein könne. Was sie wirklich gewollt, sucht er durch

---

1) Landsberg, a. a. O. S. 32.
2) Landsberg, a. a. O. S. 36.
3) Landsberg, a. a. O. S. 40.

eine sehr sorgsame Zusammenstellung des casuistischen Materials zu ermitteln. Das Resultat formuliert er kurz in dem Satz[1]): „iniuria ist jede widerrechtliche Verletzung lediglich eines Affectionsinteresses". Dabei sei jedoch ein Doppeltes zu beachten: 1) es könne neben der Verletzung des Affectionsinteresses auch zufällig in ganz untergeordneter Weise die Verletzung eines Vermögensinteresses hergehen; und 2) welche Affektionsinteressen rechtlich geschützt seien, sodass ihre Verletzung seitens eines jeden beliebigen auch nicht obligatorisch gebundenen Dritten eine widerrechtliche ist, lasse sich nur aus dem positiven Recht entnehmen.

Wollten wir selbst die schweren Bedenken, wie sich diese Bestimmung der Injurie mit der l. 15 § 31 D. h. t.; l. 20 D. h. t. und l. 25 D. de act. emt. 19, 1, in denen die secundo loco zugelassene Vermögensschädigung recht stark hervortritt, auf sich beruhen lassen, wollten wir ebensowenig betonen, dass Landsberg durch das beinahe vollständige Fallenlassen des subjectiven Elementes auf seiten des Thäters und das übermässige Hervorheben dieses Elementes auf seiten des Betroffenen den animus iniuriandi fast verflüchtigt hat, und damit z. B. mit der l. 3 D. h. t. in schwer zu lösenden Widerspruch gerät: so müssen wir doch immer fragen: Ist die iniuria durch diese Begriffsbestimmung wirklich innerlich abgegrenzt? Und diese Frage müssen wir bestimmt verneinen. Der Begriff „Verletzung eines Affectionsinteresses" ist ein vollkommen vager, namentlich da nebenbei auch Vermögensrechte verletzt werden können; er ist um nichts bestimmter als der herrschende Begriff „Darlegung der Missachtung der Persönlichkeit", unter den jede bewusste Rechtsverletzung fällt. Der Verfasser fühlt es selbst, und er verweist deshalb für die praktische Anwendung seines Begriffes auf das positive Recht. Dass er dabei die Fälle der Quellen in zwölf Rubriken verteilt[2])

---
1) Landsberg, a. a. O. S. 56.
2) Landsberg, a. a. O. S. 56—61.

und darnach ebenso viele Unterarten der Verletzung von Affectionsinteressen unterscheidet, ersetzt den Mangel eines massgebenden Gesichtspunktes in keiner Weise. Die einzelnen Kategorieen leiden zum Teil wieder an völliger Unbestimmtheit, z. B. Nr. 7: „Affectionsinteresse gegründet auf das Rechtsgefühl" [1]). Kurz, Landsberg unterscheidet sich von der herrschenden Meinung nur dadurch, dass diese einfach sagt: „omne quod non iure fit" ist eventuell iniuria, während Landsberg diesen Satz zwölffach nuanziert.

§ 12.

Dürfen wir hiernach auf allgemeine Zustimmung rechnen, wenn wir unsern Fall von dem Knopf und der Wage unter den Begriff der iniuria subsumieren, so sind die Rechtsfolgen damit von selbst gegeben.

Die actio iniuriarum geht bekanntlich nach dem späteren römischen Recht auf eine Geldstrafe, welche der Injuriierte frei abschätzte, allerdings mit der Massgabe, dass der Richter in freier Würdigung der Sachlage eine Minderung eintreten lassen konnte; § 7 J. de iniur. 4, 4: „. . . . praetores permittebant ipsis, qui iniuriam passi sunt, eam aestimare, ut iudex vel tanti condemnet, quanti iniuriam passus aestimaverit, vel minoris, prout ei visum fuerit". Der Anspruch wird geltend gemacht mit der sogenannten actio iniuriarum aestimatoria [2]).

Unzweifelhaft ist darnach A zu einer angemessenen, d. h. die Frivolität seiner Handlungsweise sühnenden und dem B damit Genugthuung gewährenden Geldsumme zu verurteilen, in der er dann implicite die schuldigen zehn Pfennig nachleistet. Wie hoch diese Summe zu bemessen ist, lässt sich selbstverständlich genau nur für den einzelnen Fall sagen,

---

1) Zum Beweise wird dafür herangezogen Paulus sent. rec. V, 4, 14, eine Stelle, die von actio iniuriarum gar nicht spricht.

2) Nur diese Folge interessiert uns, nicht die in § 10 J. h. t. erwähnte eventuelle Criminalklage.

im allgemeinen aber möchte eine Summe von fünf Mark wohl eine angemessene Sühne bilden.

Nicht unstreitig ist es, ob auch ein eventuell bei der Injurie angerichter Schade mittelst der in Rede stehenden Klage ausgeglichen werden kann [1]). Zwei Fragmente, beide von Ulpian, sind es, welche gegen die Annahme, dass mit der actio iniuriarum auch Schadenersatz erlangt werden kann, zu sprechen scheinen, l. 15 § 46 D. h. t.: „si quis servo verberato iniuriarum egerit, deinde postea damni iniuriae agat, Labeo scribit eandem rem non esse, quia altera actio ad damnum pertineret culpa datum, altera ad contumeliam"; und l. 5 § 1 D. ad leg. Aquil. 9, 2: „.... ideo interdum utraque actio concurrit et legis Aquiliae et iniuriarum, sed duae erunt aestimationes, alia damni, alia contumeliae. Ulpian scheint zu meinen, die Strafsumme für die contumelia bleibe völlig getrennt von der Schadensumme aus der lex Aquilia. Diese Auffassung steht aber im Widerspruch mit der l. 34 pr. D. de O. et A. 44, 7, in welcher Paulus bemerkt: „rationabilius itaque est eam admitti sententiam, ut liceat ei quam voluerit actionem prius exercere, quod autem amplius in altera est, etiam hoc exsequi". Nach dieser Stelle können nicht beide Klagen in ihrem ganzen ursprünglichen Umfange geltend gemacht werden, sondern die eine consumiert die andere; höchstens ist auf einen eventuellen Ueberschuss die zweite Klage noch zulässig. Die scheinbare Antinomie ist mit Pernice [2]) und Vangerow [3]) dadurch zu beseitigen, dass man Ulpians Worte lediglich auf die formelle Zulässigkeit der mehreren Ansprüche zu beziehen hat, während Paulus hervorhebt, dass materiell nicht durch die Anstellung mehrerer Klagen zweimal dasselbe erlangt werden dürfe. Damit ist jedoch noch nicht entschieden, ob mit der

---

1) Vgl. über diese Frage namentlich Landsberg, a. a. O. S. 88 ff.
2) Pernice, Sachbeschädigung S. 133 ff. nam. S. 137.
3) Vangerow, Pand. III. § 572 Anm.

actio iniuriarum auch Schadenersatz geltend gemacht werden kann, es ist nur negativ festgestellt, dass die angeführten Aussprüche Ulpian's einer solchen Annahme nicht im Wege stehen. Den positiven Beweis liefert die l. 8 C. de iniur. 9, 35: „dominum pro atroci iniuria, quam servus eius passus est, edicti perpetui actione proposita, qua damni etiam haberi rationem verbis evidenter exprimitur, agere posse convenit". Hier wird ausdrücklich anerkannt, dass der Schaden mit in Rechnung gezogen wird. Dass sich diese Bestimmung nur auf eine besondere Art der iniuria — die atrox iniuria — bezogen haben soll, ist durch nichts bewiesen [1]). Ebensowenig spricht etwas gegen die Annahme, dass das damnum im gewöhnlichen Sinne zu verstehen, d. h. in ihm neben dem damnum emergens auch das lucrum cessans mit inbegriffen ist. Natürlich ist — wie Landsberg treffend bemerkt — der Schaden nicht Klagfundament, sondern Strafschärfungsgrund [2]).

Der Anspruch verjährt in einem Jahre [3]), l. 5 C. de iniur. 9, 35: „. . . cum iniuriarum actio annuo tempore praescripta sit"; er ist activ wie passiv unvererblich, l. 13 pr. D. h. t.:

---

1) Dieser Ansicht ist auch Landsberg, a. a. O. S. 91.

2) Die Frage nach den massgebenden Factoren für die Berechnung der Strafsumme wird in der Litteratur vielfach übergangen, vgl. Sintenis II. § 124 IV; Windscheid II. § 472; Arndts Pand. § 339; es sprechen davon Unterholzner, Schuldverh. § 721 A. i; Dernburg II. § 137 A. 13; Ihering a. a. O. implicite von S. 158 ab, wo er die „realistische Function" der Klage ins Auge fasst; Landsberg S. 88 ff. Sämtlich sind sie für Berücksichtigung des Schadens, und Landsberg führt die Richtigkeit dieser Ansicht des näheren aus. Im weitesten Umfange ist auch die Schadensersatzpflicht in der Praxis anerkannt, vgl. Seuffert, Arch. VIII. 137.

3) Ueber die Berechnung dieses Jahres vgl. jetzt Ubbelohde „über die Berechnung des tempus utile der honorarischen Temporalklagen". Marburg 1891. Die Klage ist wie die meisten honorarischen Klagen anzustellen intra annum, ex quo primum experiundi potestas erat; vgl. namentlich a. a. O. S. 44.

„iniuriarum actio neque heredi neque in heredem datur". Erst wenn die Klage erhoben war, geht sie auf die Erben über, „iniuriarum actio in bonis nostris non computatur, antequam litem contestemur", l. 28 D. h. t.

§ 13.

Es fragt sich, ob diese Klage überhaupt noch praktisch ist. Unbestritten [1]) ist sie in vollem Umfange recipiert worden, und hat bis zum Inkrafttreten des Reichsstrafgesetzbuches am 1. Januar 1871 bezw. 1872 gegolten. Ueber das „wie" der Geltung herrscht aber schon Streit. Es wird behauptet, dass im Laufe der Zeit eine Restriction des Begriffes erfolgt sei, so dass schliesslich der Begriff der iniuria auf den der Ehrverletzung eingeengt worden [2]). Aber diese Annahme steht mit allen Zeugnissen, die wir für den ganzen Zeitraum von der Reception bis tief in unser Jahrhundert hinein haben, in grellem Widerspruch [3]).

Sehen wir z. B. was alles Carpzov der Jüngere [4]), dessen Autorität in Theorie wie Praxis von massgebendem Einfluss gewesen ist, unter den Begriff der iniuria bringt [5]): „si iudex contra alicuius bona, debito nondum satis probato ac demonstrato, quod debitor facultatibus labatur, arrestum concesserit",

---

1) Auf die Frage, ob alle römischen Privatstrafen recipiert sind, brauchen wir uns nicht näher einzulassen [vgl. darüber Windscheid II. § 326 A. 5]; dass wenigstens die actio iniuriarum auf jeden Fall es war, ersehen wir aus einer unter dem Vorsitz von Thomasius, dem eifrigsten Gegner der Reception der römischen Strafen, abgehaltenen Disputation, in der es zum Schluss heisst: „id certum est prolixe demonstratum, nullam actionem poenalem . . . hodie in Germania usu receptum esse, excepta sola actione iniuriarum. sed utinam et haec Germanis mansisset incognita". Vgl. Landsberg a. a. O. S. 67.

2) Dies thut Mandry, „Der civilrechtl. Iuhalt der Reichsges." S. 258.

3) Vgl. die Ausführungen von Landsberg a. a. O. S. 66—82.

4) Er lebte von 1595—1666.

5) Carpzov Pract. nov. rec. crim. pars II. qu. 99. No. 4.

und „si quis aliquem absque iusta causa in ius vocaverit" oder „iniuste opus novum nunciaverit" oder „aliquem vulneraverit" u. s. w.; kurz, es sind alles Fälle, die man unter den Begriff der Ehrverletzung nur höchst gekünstelt würde subsumieren können. Auch thun dies die damaligen Juristen nicht, sie haben vielmehr eine lebhafte Empfindung dafür, dass ihr Begriff der iniuria mit dem im Leben herrschenden der Ehrverletzung keineswegs zusammenfalle. Leyser[1]) erklärt ausdrücklich an einer Stelle[2]) seiner Meditationes ad Pandectas: „videmus passim in vita communi iniurias fieri, quae vulgo pro talibus non reputantur, at tamen in iure nostro ad iniurias referuntur". Als Beispiel führt er an die prolatio secreti. Seine Definition der iniuria ist weit umfassender als die der Ehrverletzung und einfach aus § 1 J. h. t. und l. 1 D. h. t. entnommen: „omne id quod in contumeliam alterius tendit, iniuria est". Andere Schriftsteller haben ähnliche Definitionen und führen ähnliche Beispiele an[3]). In unserem Jahrhundert machen sich allerdings Bestrebungen geltend, welche versuchen, den iniuria-Begriff auf den der Ehrverletzung einzuschränken. Aber ihr Hauptvertreter Weber geht weit über diesen Begriff hinaus, und das einzige, was er durch sein Werk „über Injurien und Schmähschriften"[4]) erreicht hat, dürfte sein, dass er die sehr weitgehende analoge Anwendung von Quellenentscheidungen und die damit gegebene Erweiterung des Geltungsgebietes der iniuria als unzulässig nachgewiesen hat[5]). Auch er musste anerkennen, dass viele unzweifelhafte Fälle der iniuria sich nicht dem Begriff der Ehrverletzung unterordnen liessen. Seit Walter wurde

---

1) Er lebte von 1683—1752.
2) Wir haben diese und die folgende Stelle aus Landsberg, a. a. O. S. 74 und 75 entnommen. Die dort angegebenen Citate sind nicht richtig.
3) Vgl. Landsberg, a. a. O. S. 75.
4) Zuerst 1793 erschienen.
5) Landsberg a. a. O. S. 79.

das Verhältnis beider Begriffe zu einander klargestellt, man sah in der römischen Injurie die Gattung und in der deutschen Ehrverletznng die Art¹), was entschieden richtig ist. Zur näheren Erklärung der iniuria wurde nach dem Vorgange Walters der von diesem fixierte contumelia-Begriff herangezogen, und damit ein iniuria-Begriff von schrankenloser Ausdehnung geschaffen²), der kurz als „Missachtung der Persönlichkeit" formuliert werden kann. Er wurde nicht nur in der Theorie³), sondern auch in der Praxis durchaus anerkannt, wie z. B. eine Entscheidung des Stuttgarter Obertribunals zeigt, welche in „jeder absichtlichen Rechtsverletzung" prinzipiell eine iniuria sieht⁴).

Die von Mandry aufgestellte Behauptung von der Restriction der iniuria erweist sich nach diesen Ausführungen als haltlos. Damit fällt aber auch der Schluss, den er auf grund dieses Obersatzes zieht. Er erachtet nämlich die actio iniuriarum durch den § 11 des Einführungsgesetzes zur Strafprozessordnung als ausdrücklich abgeschafft, welcher sagt: „Die Verfolgung von Beleidigungen und Körperverletzungen findet nur nach den Vorschriften der Str. P. O. statt". In Wahrheit liegt hierin

---

1) Vgl. nam. Heffter, „Die Begriffsversch. u. s. w." S. 246: „Man wird darnach für das gemeine deutsche [Straf]Recht mit Sicherheit behaupten dürfen, dass das römische Recht und sein Begriff der Injurie als einer absichtlichen rechtswidrigen Kränkung der bürgerlichen Persönlichkeit, nur mit der Modification angenommen werden kann: insofern sich der Verletzte dadurch nach der sittlichen Ansicht der Staats- und Standesgenossen an seiner Ehre gekränkt fühlen kann. Hiermit dürfte alles hinlänglich bestimmt sein; diejenigen Fälle der römischen Injurie, welche durch die gedachte Modification ausgeschlossen werden, sind lediglich dem Civilforum zu überweisen".

2) Vgl. Walter a. a. O. S. 139—140 und S. 243; iniuria = contumelia = Verletzung der existimatio, d. h. der allgemein menschlichen und der rechtlichen Ehre.

3) Darüber vgl. unsere Ausführungen S. 32—34, insbesondere S. 33 Anm. 3.

4) Vgl. Seuffert, Arch. III. 171.

weiter nichts, als dass die actio iniuriarum, soweit sie sich auf Beleidigungen und Körperverletzungen bezieht, aufgehoben ist. Ebensowenig kann man aus diesem Paragraphen folgern, wie Landsberg thut¹) dass die actio iniuriarum aestimatoria, soweit sie noch für praktisch zu halten ²), in den Strafprocess übernommen worden sei. Landsberg will aus den Protokollen der Justizcommission des Reichstags herleiten, dass man etwas ganz anderes beabsichtigt habe, als in den Worten zu liegen scheine. Aber den klaren Bestimmungen gegenüber, welche das schliessliche Gesetz trifft, sind die möglichen Absichten irrelevant.

Unsere Behauptung hinsichtlich des Paragraphen 11 wird selbst von denen nicht bezweifelt werden können, welche leugnen, dass der § 2 des Einführungsgesetzes des R.Str.G.B. irgend einen Einfluss auf die bestehenden Privatstrafen ausgeübt habe ⁺). Unter der richtigen Voraussetzung nun, dass die Annahme von einer nur beschränkten Wirksamkeit des letztgenannten Paragraphen falsch sei, wird aus ihm im allgemeinen — auch ohne dass man eine vorherige Einschränkung des Begriffes, wie Mandry es thut, annimmt — die schlechthinige Beseitigung der aestimatorischen Injurienklage abgeleitet. Er lautet in seinem uns interessierenden ersten Absatz: „Mit diesem Tage tritt das Bundes[Reichs-] und Landes-Strafrecht, in soweit dasselbe Materien betrifft, welche Gegenstand des Strafgesetzbuches für den Norddeutschen Bund [das deutsche Reich] sind, ausser Kraft".

Dass die in Frage stehende Klage einen poenalen Charakter hat und mithin von der Bestimmung getroffen werden kann, ist nicht zu leugnen. Wenn auch die realistische Function ⁴)

---

1) Landsberg a. a. O. S. 112–114.

2) Er bestimmt das Gebiet kurz so: „qui re mea vel publica uti me non permittit, iniuriarum conveniri potest; S. 110.

3) Siehe über diese Streitfrage Windscheid II. § 326 A. 4. Die ganz allgemeine Meinung in Theorie wie Praxis [vgl. z. B. Seuffert Arch. XXXII. 239] geht dahin, dass in den gegebenen Grenzen sämtliche Strafen berührt worden sind. Ihr schliessen wir uns an.

4) Jhering, a. a. O. S. 159.

der Klage, Schadenersatz zu gewähren, vielfach ratio iuris gewesen sein mag, ratio legis blieb die Straffunction.

Es fragt sich also, ob das Strafgesetzbuch die Materie der iniuria geregelt hat? Eine nähere Bestimmung des Begriffes „Materie" ist aus dem Gesetzbuch selbst nicht zu gewinnen. Die verschiedensten Definitionen sind versucht; aber im wesentlichen ist man darüber einig, dass Materien „Einheiten" sind für die criminalistische und somit auch für die gesetzgeberische Betrachtung. Solche Einheiten sind die „Lebenserscheinungen" in der Beleuchtung des Strafrechts, d. h. Thatbestände, die [Straf-] Rechtswirkungen hervorrufen. Diese Thatbestände, mit oder ohne einen „juristischen Taufnamen" [1]) sind zunächst „Materien". Es ist möglich und geschieht häufig, dass die ursprünglichen Einheiten zu neuen Einheiten verbunden werden, welche weniger Merkmale und einen grösseren Umfang haben; es entstehen so Einheiten höherer Ordnung. Auch sie können als Ganzes Gegenstand der gesetzgeberischen Regelung werden und damit Materien im Sinne des Str.G.B. bilden. Aber der Gesetzgeber braucht nicht diese wissenschaftliche Zusammenschliessung zu berücksichtigen, er zieht in den Kreis seiner Betrachtungen oft nur die Einzeleinheiten niederer Ordnung, nicht die Gesamteinheit höherer Ordnung. Dann ist die Gesamteinheit nicht als „Materie" anzusehen [2]). Je umfangreicher und unbestimmter eine solche höhere zusammenfassende Einheit ist, um so weniger kann sie für den Gesetzgeber inbetracht kommen.

Der Begriff der iniuria, wie er zur Zeit der Einführung des R.Str.G.B. in Theorie und Praxis unbestritten bestand, mit seiner völligen Unbestimmtheit und allgemeinen Subsidiarität war als solcher durchaus ungeeignet, als eine Einheit für die gesetzgeberischen Zwecke angenommen zu werden. Die iniuria ist nicht Materie im Sinne des § 2 Abs. 1 des E.G. des R.Str.G.B.

---

1) Binding, Handb. d. Strafr. S. 290; z. B. „Diebstahl", „Raub".
2) Binding, a. a. O. S. 290.

Aus diesem allumfassenden Begriff hat der Gesetzgeber vielmehr vorzüglich eine Unterart, eine recht beträchtliche, herausgehoben und zur Materie gemacht: die Beleidigung. Da sich in dem Gesetze eine Definition derselben nicht findet, so ist der Begriff so aufzufassen, wie es durch den „gemeinen Sprachgebrauch" geboten ist [1]). Nach diesem ist Beleidigung »die rechtswidrige Handlung, welche den sittlichen Wert der Person durch Kundgeben seiner Nichtanerkennung antastet", also kurz die Ehrverletzung. Dass diese aber den Begriff der Injuria nicht deckt, ist schon hervorgehoben worden [2]). Auch Windscheid, welcher seinen Anspruch „dieser Strafanspruch [aus der actio iniuriarum] ist gegenwärtig durch das R.Str.G.B. abgeschafft", zu begründen sucht [3]), erkennt dies an, indem er angiebt, dass nur ein Teil der unter den Begriff der iniuria fallenden Delicte durch §§ 185 fg. [die von der Beleidigung handeln] dem Civilrecht entzogen seien. Er spricht sodann aus, dass nach seiner Auffassung die Materie der contumelia im Gesetzbuch geregelt sei. Da aber, wie wir gesehen, iniuria und contumelia ihm Synonyme sind, so ist dieser Ausspruch nur eine andere Form der Behauptung, die Materie der iniuria sei durch das Str.G.B. geregelt. Die Unhaltbarkeit dieser Behauptung glauben wir nachgewiesen zu haben.

Durch die §§ 185 ff. ist die Materie der unmittelbaren Injurie im wesentlichen [4]) geregelt, und daher die abstracte

---

1) Vgl. Rubo, Comm. z. Str.G.B. S. 709; Schwarze, Comm. z. Str.G.B. S. 586.
2) Vgl. S. 44.
3) Windscheid II. § 472 A. 7a; Brinz, Pand. II. § 338 und Arndts Pand. § 339 haben nur die Behauptung ohne den Versuch eines Beweises.
4) Die Materie der abstracten Injurienklage ist auch noch mitgeregelt durch Abschnitt XIII, XVII und XVIII. Uebrigens ist zu bemerken, dass die in diesen Abschnitten erwähnten an sich teilweise unter den Begriff der iniuria fallenden Thatbestande meist schon durch die gemeinrechtliche Praxis wie particulare Gesetzgebung als besondere

Injurienklage abgeschafft. Die mittelbare Injurie hat der Gesetzgeber als solche gar nicht inbetracht gezogen, wohl aber manche Thatbestände, die als Einheiten niederer Ordnung unter sie fallen, als Materien geregelt, z. B. Hausfriedensbruch [Str.G.B. § 123], Erbrechen einer für einen anderen bestimmten verschlossenen Urkunde [Str.G.B. § 299]. Prinzipiell ist der iniuria durch das Strafgesetzbuch garnicht derogiert worden, materiell allerdings für die Verletzungen der Person in dem „was sie ist", vollständig und für die Injurien hinsichtlich dessen, „was die Person hat", in nicht wenigen Fällen. Aber es ist immer erst der Beweis zu erbringen, dass die unter den Allgemeinbegriff der iniuria fallende Lebenserscheinung wirklich Materie des Gesetzbuches geworden ist. Für die schnöde frivole Ingebrauchnahme fremder Sachen ist dieser Nachweis noch nicht geführt worden, und wohl auch nicht zu führen.

Die actio iniuriarum aestimatoria hat also nach wie vor ihre Gültigkeit[1]).

§ 14.

Wir haben bisher dolus als vorhanden angenommen; wir wenden uns jetzt zu dem Falle, dass lediglich culpa nachzuweisen ist. Es will jemand die Wage benutzen, wirft aber aus Versehen etwas anderes als ein Zehnpfennigstück hinein.

Ein Vertrag ist auch hier nicht geschlossen, da die vorgeschriebene Annahmehandlung, welche in dem Einwurf des Geldstückes liegt, nicht zu stande gekommen ist. Wohl aber

---

Delicte statuiert waren, wodurch die aestimatorische Injurienklage ausgeschlossen wurde; z. B. Körperverletzung, vgl. Seuffert Arch. III. 171.

1) Aehnlich Dernburg II. § 137 a. E.: Dies [die Annahme der Abschaffung der actio iniuriarum durch das R.Str.G.B.] ist richtig für Beleidigungen und Körperverletzungen, unrichtig aber für andere Fälle, insbesondere für indirecte Injurien. Aehnlich auch Baron Pand. § 321, obwohl er keine Gründe angiebt.

erscheint A durch seine culpose Behandlung der Wage auf Kosten des B bereichert.

Eine Bereicherung besteht nicht nur in positiver Vermögensmehrung, sondern auch in der Abwehr einer Verminderung, z. B. der Ersparung einer Ausgabe [1]). So kann der Eigentümer des Hauses, das er irrtümlich unentgeltlich jemand zur Benutzung überlassen, die Miete nachfordern [2]). So kann ein Freigelassener, welcher in der irrigen Annahme, es schuldig zu sein, seinem Patron Dienste geleistet hat, die Geldsumme beanspruchen, die der Herr durch Mieten anderer Leute hätte aufwenden müssen, um den von ihm erzielten Arbeitseffect zu gewinnen [3]). Das letztere ist hier der Fall. A hat die Wage benutzen wollen und hat die von ihm gewollte Leistung erhalten. Mithin ist er insofern um den Wert der Leistung bereichert, als er die zu ihrer Erlangung notwendige Ausgabe gespart hat. Andererseits ist diese Bereicherung aus dem Vermögen des B erfolgt. In die Wage hat B ein bestimmtes Capital hineingesteckt. Wird der Apparat gar nicht benutzt, so liegt das Capital unfruchtbar und tot da. Wird er ohne Entgelt benutzt, so wird das Capital, da die Wage durch jede Ingebrauchnahme in etwas abgenutzt und ihrer schliesslichen Unbrauchbarkeit entgegengeführt wird, aufgezehrt. Die zehn Pfennig, welche B für das jedesmalige Inthätigkeitsetzen seines Apparates fordert, bilden für ihn die Amortisations- und Verzinsungsquote des aufgewandten Capitals. Eine solche Quote hat A dem B entzogen.

Dass B die Bereicherung des A auf seine Kosten nicht will, ist gegeben und nicht erst zu erweisen. Ein rechtfertigender Grund zu der thatsächlichen Bereicherung liegt also nicht vor.

---

1) Vgl. auch Windscheid II. § 421.
2) l. 65 § 7 D. 12, 6.
3) L. 26 § 12 D. 12, 6.

Aus dieser Thatsache nun, dass jemand ohne rechtfertigenden Grund aus dem Vermögen eines anderen bereichert ist, erwächst dem Betroffenen ein Anspruch[1]), in den Quellen condictio genannt, l. 1 § 3 D. de cond. s. c. 12, 7: „constat, id [demum] posse condici alicui, quod [vel] non ex iusta causa ad eum pervenit [vel redit ad non iustam causam][2])."

Die Kategorie der condictio sine causa ist bei der gerade in dieser Materie äusserst mangelhaften Systematik der Quellen sehr bestritten. Die herrschende Meinung nimmt wohl mit Recht an[3]), dass die condictio sine causa einmal die Bezeichnung für jede condictio wegen ungerechtfertigter Bereicherung sei, dann aber im Gegensatz zu bestimmt bezeichneten condictiones alle solche Ansprüche wegen grundloser Vermögensmehrung zusammenfasse, welche einer speciellen Bezeichnung entbehren.

Die Voraussetzungen für eine speciell benannte condictio liegen in unserem Falle nicht vor; insbesondere ist nicht an eine condictio causa data causa non secuta zu denken. Der Thatbestand dieser verlangt, dass jemand eine Leistung macht in Erwartung einer zukünftigen Gegenleistung. Von A, dem geleistet wird, wird aber nichts erwartet, sondern er soll vorher etwas gethan haben. Auch von condictio indebiti (errore soluti) kann nicht die Rede sein. Um einen Irrtum machen zu können, ist Urteilsfähigkeit notwendig, überhaupt Persönlichkeit. Wir müssten also die Wage mit den Eigenschaften einer Persönlichkeit ausstatten, indem wir sie für den Eigentümer entscheiden und irren liessen: eine Construction, welche wir schon oben [S. 8] als ungeheuerlich zurückgewiesen haben.

Es bleibt nur die condictio sine causa übrig, die weiter

---

1) Windscheid II. § 421.
2) Es ist zu bemerken, dass auch in diesem Fragment die Begriffe der verschiedenen condictiones sehr durch einander geworfen werden.
3) Vgl. nam. Windscheid II. § 424 A. 1 u. Arndts Pand. § 345 A. 1.

keine Erfordernisse hat als das Vorhandensein einer Bereicherung aus fremden Vermögen und das Fehlen eines rechtfertigenden Grundes [1]). Beide Erfordernisse sind, wie wir gesehen, bei der vorhandenen Sachlage erfüllt.

Die condictio sine causa geht auf Herausgabe der Bereicherung [2]), l. 66 D. de cond. in. deb. 12, 6: "[haec condictio ex bono et aequo introducta est], quod alterius apud alterum sine causa deprehenditur, revocare consuevit."

In unserem Falle ist das die Leistung dessen, was A bei seinem Willen sich zu wiegen gespart hat, die Zahlung der zehn Pfennig. Sie hat, mag A sich auch scheinbar zwecklos oftmals hintereinander gewogen haben, für jedes Functionieren des Apparates nachträglich zu geschehen.

Dass unter die Bereicherung auch alles fällt was der Bereicherte aus dem sine causa Erworbenen wieder gewonnen hat, ist für unseren Fall gleichgültig. Auch die Frage, ob die condictio zugleich auf Zinsen [3]) geht, lassen wir als für unsern Zweck unpraktisch unerörtert.

Ebensowenig brauchen wir darauf einzugehen, welche Wirkung der nachträgliche Wegfall der Bereicherung hat [4]). Denn dass A sich auf der Wage des B gewogen hat, kann nicht ungeschehen gemacht werden, die darin liegende Bereicherung somit nicht wegfallen.

Wenden wir den Satz [5]), dass die condictio sine causa

---

1) Vgl. die angeführte l. 1 h. l.; genaueres siehe bei Savigny, Syst. Bd. V. S. 521—527, insbes. S. 523 A. c.; bei Vangerow Pand. III. § 628 A., nam. I a. Anf. u. III.
2) Vgl. darüber Windscheid II. § 424.
3) Vgl. Dernburg II. § 141 A. 30; Windscheid II. § 424 A. 2; und insbes. R.G. Entsch. IX. S. 174.
4) Vgl. darüber Windscheid II. § 424 A. 3.
5) Er ist allgemein anerkannt, vgl. Sintenis II. S. 528; Windscheid II. § 424 A. 4. Auch Savigny ist wohl dieser Ansicht, vgl. a. a. O. S. 528—527, 550, 551; allerdings aus dem S. 619 u. 631

nur auf Rückgabe der Bereicherung geht, auf unseren Fall an, so folgt, dass B mit dieser Klage von A nur die zehn Pfennig erlangt.

§ 15.

Von selbst versteht sich, dass, wenn A durch sein Thun oder nebenher die Wage beschädigt, culpa oder dolo, er dem B ex lege Aquilia[1]) haftet.

§ 16.

Wir sind bis jetzt stillschweigend davon ausgegangen, dass wir es mit einer vollzurechnungsfähigen Person zu thun hatten. Nur allzu oft aber sind gerade in unserm Fall die Thäter nicht Erwachsene, sondern jugendliche Personen, selbst Kinder, unter Umständen sogar Wahn- oder Blödsinnige, die in ihrer geistigen Umnachtung, die aus Spielerei, Uebermut oder in Nachahmung schlechter Beispiele mit den aufgestellten Automaten Missbrauch treiben.

Wenn der Thäter ein Geisteskranker[2]) oder ein Kind[3]), so ist ein delicticischer Anspruch selbstverständlich ausgeschlossen, z. B.[4]) l. 5 § 2 D. ad leg. Aquil 9, 2: „. . . . quaerimus, si furiosus damnum dederit, an legis Aquiliae actio sit? et Pegasus negavit: quae enim in eo culpa sit,

---

Gesagten folgt, dass die Klage auf das Interesse geht. Diese Widersprüche zeigen, dass es nicht angemessen erscheint, die contractlichen und die aussercontractlichen Condictionen in ein und dasselbe System zu bringen.

1) Ueber sie vgl. Windscheid II. § 455 und nam. Pernice, Zur Lehre von den Sachbeschädigungen; auch Jhering, Zweck im Recht II. S. 69.

2) Ein rechtlich bedeutsamer Unterschied zwischen den verschiedenen Arten der Geisteskrankheit wird in den Quellen bekanntlich nicht gemacht; vgl. Windscheid I. § 54 A. 11 u. 12.

3) Infans, noch nicht sieben Jahre alt.

4) Vgl. auch l. 61 i. f. D. de admin. tutor. 26, 7.

cum suae mentis non sit? et hoc est verissimum . . . . . .
sed et si infans damnum dederit, idem erit dicendum.

Aber auch ein Bereicherungsanspruch ist nicht gegeben. Die Bereicherung liegt, wie wir gesehen haben, darin, dass A sich mit bewusstem Willen durch den Apparat des B eine Leistung verschafft, ohne dafür die schuldige Gegenleistung zu entrichten. Der bewusst auf die Leistung gerichtete Wille des A ist unerlässlich, um einen Bereicherungsanspruch construieren zu können. Dem furiosus und dem infans wird aber vom Recht jeder Wille und damit jedes bewusste Handeln abgesprochen. Sie werden also durch das Gewogenwerden nicht bereichert. Diese theoretisch einzig haltbare Auffassung ist auch praktisch durchaus angemessen. Man stelle sich vor, der Geisteskranke habe sich in wenigen Tagen dutzende von Malen gewogen. Wo ist da die condicierbare Bereicherung? Dass der Eigentümer der Wage dabei einen Schaden erleidet, ist etwas Anderes. Mit Recht ziehen die Juristen hier den Gesichtspunkt des casus heran [1]).

Wie nun, wenn ein Unmündiger der Thäter ist?

Die condictio sine causa dürfte in allen Fällen gegen einen so gearteten Benutzer der Wage statthaft sein [2]), da hier der bewusst auf die Leistung gerichtete Wille angenommen werden kann [3]).

Dagegen entstehen delicticische Ansprüche nur dann, wenn der impubes nach Lage der Dinge die erforderliche Einsicht von der Rechtswidrigkeit seiner Handlungsweise gehabt hat [4]).

---

1) Vgl. l. 5 § 2 D. ad leg. Aquil. 9, 2 u. l. 61 i. f. de admin. tutor. 26, 7.
2) Vgl. Savigny Syst. III. S. 54.
3) Ob das ein praktisch angemessenes Resultat ist, erscheint nicht unzweifelhaft.
4) Vgl. z. B. Seuffert, Arch. XVIII. 247.

In den Quellen wird des öfteren hervorgehoben, dass nur der impubes pubertati proximus delictfähig sei, z. B. § 18 J. de obl. 4, 1; l. 111 pr. D. de R. J. 50, 17; aber an anderen Stellen, welche die delicticische Verantwortlichkeit des impubes behandeln, wird schlechthin von einem solchen gesprochen, mit dem Bemerken, er werde verhaftet, wenn er schon iniuriae bezw. doli mali capax sei, z. B. l. 5 § 2 D. ad leg. Aquil 9, 2; l. 1 § 15 D. depos. 16, 3. Die Aussprüche sind nicht unvereinbar: in den letzten wird der leitende Gesichtspunkt, das Prinzip aufgestellt, in den ersteren wird zur leichteren Anwendung dieses Prinzipes der praktisch wichtigste Fall angeführt, dass nämlich eine capacitas iniuriae, d. h. Einsicht und somit Zurechnungsfähigkeit im allgemeinen nur bei Unmündigen, die der Pubertätsgrenze nahe sind, vorhanden ist. Dass weiter nichts damit gesagt sein kann, ergiebt sich auch daraus, dass der Zeitpunkt, wann jemand pubertati proximus sein soll, vollständig unbestimmt gelassen ist, sodass die Vorschrift, als rechtsverbindlich gedacht, völlig unbrauchbar wäre. Der Richter hat vielmehr nach der concreten Sachlage die Einsicht des impubes zu prüfen, und es spricht nur eine Vermutung für das Vorhandensein, wenn derselbe pubertati proximus ist[1]).

Ist Zurechnungsfähigkeit nachgewiesen, dann treten die dargestellten Folgen der Delicte ein.

Bei anderen Minderjährigen tritt irgend eine Besonderheit gegenüber den ausführlich geschilderten normalen Verhältnissen nicht ein[2]).

---

[1]) Dieser Ansicht sind auch Savigny, Syst. III. S. 43; Sintenis I. § 17 A. 30; Windscheid I. § 101 A 12; endlich wird Seuffert a. a. O. eine Stelle von Lauterbach Coll. Pand. lib. 27 tit. 9 § 3 citiert: „huius aetatis determinatio arbitrio iudicis relinquenda; pubertati proximus dicendus, qui doli capax est, quod non tam ex annis quam aliis circumstantiis existimandum."

[2]) Der Entwurf eines B.G. § 709 verlangt den Nachweis der Zurechnungsfähigkeit bis zum achtzehnten Jahr.

§ 17.

Bisher haben wir angenommen, dass der Wille des A, die Wage durch Einwurf des Knopfes in Thätigkeit zu setzen sich realisiert. Wir lassen diese Annahme jetzt fallen und fragen uns, was unter der Voraussetzung, dass die Wage nicht functioniert, die Folgen der Handlung des A sein werden. Die verschiedenen Möglichkeiten in dem subjectiven Thatbestande sind auch hier wieder auseinander zu halten.

Hat A animo furandi die That ausgeführt, so liegt doch kein furtum vor. Das der Absicht sich widerrechtlich aus dem Gebrauch der fremden Sache zu bereichern „entsprechende körperliche Verhältnis¹)" ist nicht hergestellt worden. Es ist nur der Versuch einer contrectatio gemacht, welcher misslungen ist. Es gehört aber als ein wesentliches Moment zum furtum als Privatdelict, dass die contrectatio vollendet sein muss²).

Als fur kann also A nicht belangt werden. Wären wir der Ansicht, dass die actio iniuriarum die allgemein subsidiäre Delictsklage sei, so könnten wir sie bei diesem Versuch eines furtum anwenden. Denn dass hier eine „bösliche absichtliche Antastung der Rechte des anderen an der Aussenwelt³)" vorliegt, bedarf eines weiteren Beweises nicht. A würde also zur Leistung einer angemessenen Geldsumme zu verhalten sein, während er aus dem furtum, dem Specialdelict, durch welches das „Formaldelict"⁴) iniuria ausgeschlossen wurde, nur auf Bereicherung und eventuell Schadenersatz haftet, d. h. der Versuch des Vergehens wurde stärker ge-

---

1) **Windscheid** II. § 452.
2) Vgl. **Wächter** a. a. O. S. 364 A. 59 u. 60.
3) Dies ist die Definition der indirecten Injurie bei **Dernburg** II. § 137.
4) So bezeichnet **Landsberg**, a. a. O. S. 12 wohl mit Recht die iniuria der herrschenden Lehre.

ahndet als das ausgeführte Vergehen: eine Consequenz, welche die Theorie von der Anwendbarkeit der actio iniuriarum in subsidio, deren Quellenmässigkeit wir mit Jhering nicht für erwiesen halten, gleichfalls praktisch als bedenklich erscheinen lässt.

Auch die von uns schon besprochene l. 21 § 7 D. de furtis 47, 2 kann uns nicht zu der Annahme bestimmen, dass schlechthin in jedem Versuch eines furtum eine iniuria, welche die actio iniuriarum hervorruft, liege. Wir gaben an, dass bei dieser Entscheidung, welche eine Anwendung der in l. 23 D. de iniur. 47, 10 enthaltenen allgemeinen Regel ist, mit dem objectiven Thatbestand auch das subjective Moment des animus iniuriandi als vorhanden angenommen wird. Ganz allgemein aber eine solche Supposition der eigentümlichen Willensrichtung, auch wo sie in Wirklichkeit nicht vorhanden ist, vorzunehmen, erscheint uns unangemessen, da auf dieses subjective Moment sonst der höchste Wert gelegt wird. Ausdrücklich sagt z. B. Paulus l. 54 pr. D. de furt. 47, 2: „..... maleficia voluntas et propositum delinquentis distinguit." Im Falle des versuchten [1]) furtum usus fehlt der schnöde Indifferentismus gegenüber dem Rechte des anderen, mithin ist die actio iniuriarum ausgeschlossen.

Ist durch den Einwurf des Knopfes an der Wage, auch ohne dass sie in Thätigkeit gesetzt wurde, ein Schaden eingetreten, so ist A nach den Grundsätzen der lex Aquilia verantwortlich.

Hat A den erörterten animus iniuriandi gehabt, so ist es gleichgültig, ob er seinen Zweck erreicht hat oder nicht. Ein frivoler Eingriff in die Rechtssphäre des B liegt schon in dem mit dieser Gesinnung vorgenommenen Einwurf des fremden Gegenstandes in die Wage; die Voraussetzungen der iniuria

---

1) Ebenso wie beim vollendeten Delict.

im technischen Sinne sind also gegeben, folglich A mit der actio iniuriarum verhaftet.

Hat ein dolus bei dem Versuch die Wage in Thätigkeit zu setzen, nicht obgewaltet, hat A nur einen animus damni dandi[1]) gezeigt, so ist, wenn durch die Fahrlässigkeit ein Schade nicht angerichtet ist, irgend ein Anspruch gegen A nicht vorhanden; wenn es der Fall ist, so kann B sich mit der actio legis Aquiliae schadlos halten.

Nur der Vollständigkeit wegen sei auch hier wieder darauf hingewiesen, dass dem Geisteskranken oder dem Kinde gegenüber B nie eine Klage hat. Für die impuberes gilt analog das oben [S. 52 ff.] Gesagte, d. h. sie haften aus den actiones iniuriarum und legis Aquiliae, falls sie iniuriae capaces sind.

§ 18.

Die Ergebnisse unserer Untersuchungen sind folgende.

Abgesehen von den Fällen, in welchen ein Unzurechnungsfähiger die Wage benutzt — übrigens wird hier B oft einen Anspruch gegen Eltern oder Vormünder haben wegen mangelnder Aufsicht über die ihrer Obhut Anvertrauten[2]) — ist der Eigentümer der Wage gegen die Folgen der culpa und des dolus des Publicums civilrechtlich geschützt.

Doch es ist klar, dass dem dolus gegenüber ein ausschiesslich reipersecutorischer Anspruch, wie ihn der Eigentümer gegen den fur usus hat, einen wirksamen Schutz nicht gewährt. Denn nach Lage der Dinge wird der missbräuchliche Benutzer des Automaten in der Mehrzahl der

---

1) Den Ausdruck gebraucht Pernice a. a. O. S. 57 auch gerade im Gegensatz zum animus lucri faciendi des furtum und dem animus iniuriam inferendi der iniuria. Er erklärt den animus begrifflich für identisch mit dem subjectiven Moment der culpa.

2) Vgl. Hänel, Lehre vom Schadenersatz § 10; Sintenis II. § 102 Anm. 129; ebenso Entwurf eines B.G. § 710.

Fälle unbekannt bleiben. Es muss daher das Recht, wenn anders es nicht rein theoretisch bleiben will, Vorsorge treffen, dass ein jeder von einer ungehörigen Behandlung des Apparates durch die Höhe des Risicos abgeschreckt wird. Die schnöde Verletzung der bona fides, auf welcher der automatische Verkehr in höchstem Masse beruht, muss eine empfindliche Ahndung erhalten, um auch den Böswilligen zu ihrer Beobachtung anzutreiben. Dem Injurianten gegenüber ist das in genügendem Masse geschehen, dem fur usus gegenüber auf dem Gebiete des Civilrechtes nicht.

Es fragt sich daher, ob das Strafrecht die Function übernimmt, hier der verletzten bona fides Genugthuung zu verschaffen und dem dolus präventiv und repressiv entgegenzutreten. Darauf ist entschieden mit nein zu antworten; es giebt **keinen Paragraphen** unseres Reichsstrafgesetzbuches, nach dem die rechtswidrige Benutzung eines Automaten, durch den man eine Leistung erhält, strafbar wäre. Allgemeiner ausgedrückt: das furtum usus als solches ist den öffentlichen Delicten nicht eingereiht worden[1]. Es dürfte vielleicht fraglich[2] erscheinen, ob der Gesetzgeber gut daran gethan hat, so zu verfahren; aber wenn wir uns vorstellen, was alles furtum usus ist, z. B. das wissentliche Behalten eines geliehenen Buches über die festgesetzte Zeit hinaus[3], so möchten wir eine Aufnahme des furtum usus als öffentliches Delict nicht befürworten.

Einzig sonst könnte in Frage kommen der Betrug. Man könnte schliessen, wenn die Aufstellung der Wage eine Vertragsofferte und die Einwerfung einer Münze die Annahme der Offerte ist, der die Erfüllung der geschuldeten Lei-

---

[1] Ein Fall ist nur ausdrücklich aufgenommen in § 290. Str.G.B.
[2] Jhering a. a. O. S. 210 bedauert das vollständige Fallenlassen des furtum usus im Strafgesetzbuch.
[3] arg. § 6 I de obl. quae ex del. 4, 1.

stung sofort nachfolgt, so bleibt bei Einwurf einer falschen Münze alles unverändert, ausser dass der Einwerfer einen dolus in contrahendo begeht. Wo ein Vertrag geschlossen und erfüllt wird, ist auch betrügerische Einwirkung auf beides (die Schliessung und die Erfüllung) denkbar. Denkt man sich den Eigentümer neben seiner Wage stehend, so wird er gewiss betrogen, wenn jemand in seiner Gegenwart auf das Trittbrett steigt und doch unbemerkt die falsche Münze einwirft. Der Eigentümer würde den Betrüger verjagt oder das Anzeigen der Wage verhindert haben, wenn er den dolus rechtzeitig erkannt hätte. Andernfalls »erfüllt« er den scheinbaren »Vertrag« unter der Herrschaft des wahren Irrthums, womit alle Erfordernisse des § 263 Str.G.B. gegeben sind. Aber so scheinbar diese Ausführung sein mag, richtig ist sie nicht. Denn ausser in dem singulären Falle, dass der Eigentümer neben der Wage steht, müssten wir sagen, dass nicht in dem Eigentümer ein Irrtum erregt wird, unter dessen Einfluss er leistet, sondern dass dieser Vorgang sich in der Wage abspielt, d. h. wir kämen mit der Annahme eines Betruges wieder zu der von uns schon mehrfach zurückgewiesenen Vorstellung, dass die Wage Persönlichkeit habe.

Wie ist aber diese offenbare Lücke des Rechtsschutzes auf andere Weise zu schliessen?

Jhering[1]) nimmt auch beim Thatbestand des furtum usus die actio iniuriarum als anwendbar an. Die Schwierigkeit, die darin namentlich für ihn[2]) liegen würde, dass in dem Falle des furtum usus nach römischem Recht die Klage aus dem furtum und die actio iniuriarum auswahlsweise zustehen sollten, beseitigt er für unser heutiges Recht durch die Be-

---

1) a. a. O. S. 210 u. 211.
2) Er weist gerade nach, dass die actio iniuriarum nicht mit anderen delicticischen Klagen in elective Concurrenz tritt.

merkung, dass dasselbe „den römischen Begriff des furtum usus nicht mehr kennt", eine Behauptung die er nicht beweist, die unseres Wissens von niemand anderem gemacht, und nicht überzeugend ist. Sodann aber geht er mit der Subsumption des furtum usus unter den Begriff der iniuria über die Schranke hinaus, die er selbst für die innere Abgrenzung des Begriffes gezogen hat. Denn wenn wir das Beispiel betrachten, welches er gerade an der Stelle, an welcher er von der Notwendigkeit dieser Subsumption spricht, anführt[1]), dass Wäscherinnen die Wäsche ihrer Kunden quasi im Abonnement vermieteten, und damit den zuvor angegebenen Gesichtspunkt vergleichen, dass der iniuriöse Rechtsverletzer „offen mit seiner Person für die Rechtsverletzung eintritt, sich zu demjenigen bekennt was er gethan hat[2])": so dürfte eine Discrepanz zwischen dem theoretischen Begriff und der praktischen Anwendung nicht geleugnet werden können.

Wie Landsberg ferner die Fälle des furtum usus sich als „Verletzung des Affectionsinteresses, welches wir nehmen an der freien Benutzung solcher Gegenstände, welche unserem Privatrechte oder dem gemeinen Gebrauch unterworfen sind", vorstellt[3]), ist auch nicht abzusehen. Denn da das furtum usus heimlich, d. h. ohne Wissen des Berechtigten vorgenommen wird, so ist er in Wirklichkeit durch dasselbe in der freien Benutzung seiner Sachen gar nicht gestört.

Die Anwendung der iniuria endlich als Formaldelictes führt nur zu der ungeheuerlichen Consequenz, dass der Versuch härter geahndet wird, als die vollendete That, ohne gegen die letztere Schutz zu gewähren. Denn wie wir sahen, fällt nach der herrschenden Lehre das versuchte furtum unter den Begriff der iniuria; demjenigen, welcher den Versuch voll-

---

1) a. a. O. S. 211.
2) Jhering, a. a. O. S. 189.
3) Landsberg, a. a. O. S. 103 u. 110.

führt, treffen also die strengeren [Folgen dieses Delictes, während der fur usus bei Vollendung der That nur einem reipersecutorischen Anspruch ausgesetzt ist.

Die Lücke des Rechts ist nach unserer Meinung nur durch positiven Eingriff in das geltende Recht zu beseitigen. Die von Jhering vorgenommene Subsumption des furtum usus unter den Begriff der iniuria erscheint, wenn sie wohl auch theoretisch mit dem geltenden Recht unvereinbar ist, doch praktisch und vom gesetzgeberischen Standpunkt aus vollkommen angemessen. Ihm folgen wir, und formulieren unseren Vorschlag folgendermassen:

„Die Materie des furtum usus ist analog der Materie der iniuria zu behandeln."

„Der § 2 des Einführungsgesetzes des Reichsstrafgesetzbuches tritt in soweit, als durch das Reichsstrafgesetzbuch die Materie des furtum usus geregelt[1]) ist, ausser Kraft."

Der Eigentümer der Wage hat dann bei dolosem Missbrauch seines Apparates stets die actio iniuriarum; sollte sie verjährt oder A oder B gestorben sein, so treten suppletorisch die condictio sine causa und die actio legis Aquiliae ein, welche hinsichtlich des Uebergangs auf die Erben, wie hinsichtlich der Dauer an geringere Voraussetzungen geknüpft sind.

Auf diese Weise sind die berechtigten Interessen des Eigentümers der Wage vollauf geschützt[2]).

Der automatische Verkehr, welcher dem Publikum Leisungen übermitteln soll, ist dann mit einem praktisch wirksamen Rechtsschutz gegen jeden Eingriff ausgestattet.

---

1) Denn dass die Materie des furtum usus durch das Strafgesetzbuch geregelt ist, ist anzunehmen.

2) Nach dem Entwurf des bürgerl. Gesetzbuchs würde der Eigentümer der Wage lediglich Bereicherungs- und Schadensersatzansprüche haben, da der Entwurf ein der actio iniuriarum aestimatoria analoges Rechtsgebilde nicht enthält.

Litteratur.

Arndts, Pandekten, 13. Auflage 1886.
Bachem, Der Unterschied zwischem dem furtum des röm. Rechts und dem Diebstahl nach dem R.Str.G.B. 1880.
Baron, Pandekten, 7. Auflage 1890.
Berner, Lehrbuch des Strafrechts, 15. Auflage 1888.
Binding, Handbuch des Strafrechts 1885.
Brinz, Pandekten, 2. Auflage 1873.
Carpzov II, Practica Nova rerum criminalium 1758.
Dernburg, Pandekten, 2. Auflage 1888.
Dochow, Strafrechtsfälle, 4. Auflage 1891.
Dollmann, Die Entwendung nach den Quellen des gemeinen Rechts 1834.
Glück, Ausführliche Erläuterungen der Pandekten, 2. Auflage 1841 ff.
Hänel, Versuch einer kurzen Darstellung der Lehre vom Schadenersatz 1823.
Heffter, Die Begriffsverschiedenheit der römischen und deutschen Injurie, Archiv des Criminalrechts N. F. 1839.
Heimbach, Artikel „condictio" in Weisskes Rechtslexikon Bd. II. 1844.
v. Jhering, Jurisprudenz des täglichen Lebens, 7. Auflage 1889.
    ders.   Rechtsschutz gegen injuriöse Rechtsverletzungen, Jahrbücher für Dogmatik Jahrg. XXIII No. 6. 1885.
    ders.   Der Zweck im Recht, 2. Auflage 1884.
v. Holtzendorff, Rechtslexikon, 3. Auflage 1880.
Klien, Revision der Grundsätze über das Verbrechen des Diebstahls 1806.

Landsberg, Iniuria und Beleidigung 1886.
Mandry, Der civilrechtliche Inhalt der Reichsgesetze, 2. Auflage 1882.
Marsson, Die Natur der Vertragsofferte 1879.
Pernice, Zur Lehre von den Sachbeschädigungen nach römischem Recht 1867.
Puchta, Pandekten, 12. Auflage 1877.
v. Savigny, System des heutigen römischen Rechts 1840 fg.
Rubo, Commentar zum R.Str.G.B. 1873.
Schirmer, Zur Lehre vom furtum, Zeitschrift der Savigny-Stiftung V. Romanistische Abteilung.
v. Schwarze, Commentar zum R.Str.G.B., 5. Auflage 1883.
Sintenis, Das gemeine praktische Civilrecht, 3. Auflage 1868.
Sohm, Ueber Vertragsschluss unter Abwesenden und Vertragsschluss mit einer persona incerta, in Goldschmidts Zeitschrift für das gesamte Handelsrecht Bd. XVII. S. 16 ff. 1872.
Ubbelohde, Ueber die Berechnung des tempus utile der honorarischen Temporalklagen 1891.
Unterholzner, Schuldverhältnisse 1840.
v. Vangerow, Pandekten, 7. Auflage 1869.
v. Wächter, Artikel „Diebstahl" in Weisskes Rechtslexikon Bd. III. 1844.
Walter, Ueber Ehre und Injurie nach römischem Recht, Neues Archiv für Criminalrecht Bd. IV.
Windscheid, Pandekten, 7. Auflage 1891.
Seuffert, Archiv für die Entscheidungen der obersten Gerichtshöfe in Deutschland 1847 ff.
Entscheidungen des Reichsgerichts in Civilsachen. 1880 ff.
Entscheidungen des Königlichen Kammergerichtes zu Berlin. [Bd. X. 1891.]
Motive zum Entwurf eines bürgerlichen Gesetzbuches 1888.

Lebenslauf.

Ich, Walter Gottfried Auwers, bin am 18. Juli 1869 zu Berlin geboren. Meine Eltern sind der Geheime Regierungs-Rath Professor Dr. Auwers, Ständiger Secretär der Königlich Preussischen Akademie der Wissenschaften, und Frau Marie Auwers, geb. Jacobi.

Ich bin evangelischer Confession. Meinen ersten Unterricht erhielt ich auf der Vorschule des Königlichen Wilhelms-Gymnasiums in Berlin von Ostern 1876 ab. Ostern 1881 kam ich auf das Königliche Friedrich-Wilhelms-Gymnasium zu Berlin, von welchem ich den 12. März 1888 mit dem Zeugnis der Reife entlassen wurde.

Ich bezog zunächst die Universität Tübingen, um Rechts- und Staatswissenschaften zu studieren. Das Jahr von Michaelis 1888 bis Michaelis 1889 setzte ich meine Studien an der Universität Göttingen fort. Die zweite Hälfte meines akademischen Trienniums verbrachte ich in Berlin.

Während meiner Studien waren meine Lehrer: die Herren Professoren Franklin, Geib, Hartmann, Kugler, Meyer in Tübingen; Baumann, Cohn, Ehrenberg, von Jhering, Lange, Merkel, Peipers, Regelsberger, v. Wilamowitz in Göttingen; Berner, v. Bezold, du Bois-Reymond, Dernburg, Eck, v. Gneist, Goldschmidt, Gradenwitz, Hinschius, Hübler, v. Kaufmann, Kohler, Liman, Mendel, Naudé, Pernice, v. Treitschke, Wagner, Zeumer in Berlin.

Ihnen allen an dieser Stelle meinen Dank auszusprechen, ist mir eine angenehme Pflicht.

Nachdem ich mich Mitte März 1891 hatte exmatriculieren lassen, bestand ich am 3. Juli 1891 vor der Prüfungscommission des Königlichen Kammergerichtes zu Berlin das erste juristische Staatsexamen. Am 21. desselben Monats wurde ich zum Referendar ernannt und dem Amtsgericht zu Jüterbog überwiesen. Nach Vorlage der vorstehenden Arbeit an die hohe juristische Facultät der Universität Göttingen bestand ich daselbst am 29. Juli das Doctorexamen.